Th

W9-DEW-622

4314 S Archer Ave
Chicago IL 60632

TAN LEJOS DE DIOS

El México moderno a la sombra de Estados Unidos

JOSEPH CONTRERAS

TAN LEJOS DE DIOS

El México moderno a la sombra de Estados Unidos

Grijalbo • ACTUALIDAD

TAN LEJOS DE DIOS
El México moderno a la sombra de Estados Unidos

© 2006, Joseph Contreras

© 2006, Elia Olvera por la traducción

Primera edición, 2006

D. R. 2006, Random House Mondadori, S. A. de C. V.
Av. Homero No. 544, Col. Chapultepec Morales,
Del. Miguel Hidalgo, C. P. 11570, México, D. F.

www.randomhousemondadori.com.mx

ISBN: 968-5962-09-X

Impreso en México / *Printed in Mexico*

Para mis hijos, Claire, Francesca y Dominic
y para las Olgas, mi mamá y mi queridísima

AGRADECIMIENTOS

En mi opinión, la sección de reconocimientos de un libro debe servir de vehículo para expresar el agradecimiento del autor a aquellos que aportaron su tiempo y conocimiento para la investigación y redacción de la obra, y también decirle a los lectores un poco sobre su origen. En ese sentido, me gustaría empezar por agradecer al representante Willie Schavelzon por haberse acercado a mí para ofrecerme sus servicios y animarme a encontrar una idea viable para un libro. Igualmente fundamental fue el papel que desempeñó Ariel Rosales de Random House Mondadori quien, durante una ronda de tequilas en un restaurante cercano a las oficinas de dicha casa editorial en la ciudad de México, me sugirió que pensara en hacer un libro en el que comparara e hiciera un contraste entre el México de hoy y el país en el que viví y al que llegué a conocer cuando era un joven corresponsal extranjero a mediados de la década de los ochenta.

Quiero agradecer a Cristóbal Pera de Random House Mondadori por el magnífico trabajo de edición del manuscrito y a Elia Olvera Martínez por las muchas horas que dedicó a la traducción de la versión original en inglés. Estoy en deuda con Riccardo Cavallero de la casa editorial por sus amables palabras de apoyo durante las últimas semanas del proceso de edición, y un agradecimiento especial a Daniel González Pineda y María Teresa Zapata por velar por el copioso número de cuartillas de texto.

Muchas de las personas que me brindaron sus invaluables aportaciones y opiniones se citan en las páginas del libro, y tienen mi profunda gratitud. También me gustaría agradecer a Jaime Gutiérrez Casas, Eloy Masferrer Kan, Félix y Bárbara Arredondo, Lindy Scott y Nick Carter por su ayuda en la fase de reportajes.

Como cualquier director de cine, compositor o dramaturgo puede atestiguar, todo proceso creativo tiene su patrón único de flujo y reflujo. Y entre el momento en que se siembra la semilla y la mañana en que el fruto está listo para la cosecha, hay periodos de sequía cuando la inspiración languidece y sólo la duda parece aflorar. Este proyecto no fue la excepción de la regla, y el mayor de todos mis agradecimientos es para la persona que me vio pasar por esos días sombríos y se negó en todo momento a hablar de devolver el adelanto del libro. Se trata de mi esposa, mi compañera del alma y mi musa literaria, su nombre es Olga Wornat.

Introducción

Un asesinato en Coyoacán

Fue un crimen tan espeluznante e impactante, que se convirtió en la nota más importante de todos los noticieros y de la prensa a nivel nacional durante toda la semana. Un terrible asesinato en la calle más famosa de una de las colonias más elegantes de la ciudad de México. Fotografías del cadáver de la víctima aparecían desplegadas en la primera plana de un periódico vespertino apenas unas cuantas horas después de que el cuerpo fuera descubierto y, en lo personal, este asesinato pondría de relieve lo mucho que México había cambiado en los últimos 15 años que habían transcurrido desde que viví ahí por última vez. Pero ésta era una nota periodística que no me tocaba a mí escribir.

La mañana del 4 de julio de 2003, mientras terminaba mi caminata matutina por las soleadas playas de Miami, sonó el teléfono celular. No reconocí la voz en la línea. Era una mujer, y su inglés tenía el acento melodioso de una persona cuyo idioma materno es el español, aunque no latinoamericano. "¿Joe?", preguntó. "El habla", respondí, empapado en sudor y caminando a rápidas zancadas hacia el edificio de condominios en donde vivo a la orilla de la bahía de Biscayne. "Habla Dolly Mascareñas, de México, ¿me recuerdas? Nos conocimos hace unos años", con-

11

tinuó la voz. Respondí un "sí, por supuesto" y, aunque conocía el nombre, no me acordaba en ese momento de haber conocido a Dolly en persona. "Te llamo porque lamentablemente tengo una muy mala noticia que darte."

En las primeras horas de aquella mañana, la policía había encontrado el cuerpo de Alejandra Dehesa, la gerente de la oficina de *Newsweek* en la ciudad de México, sobre un charco de sangre en el baño de visitas de una casa de dos pisos en la calle Francisco Sosa, sede de las oficinas editoriales de la revista. El asesino le había dejado un cuchillo de carnicero clavado en el lado izquierdo del cuello. "No es posible", balbuceé estupefacto, mientras que mi mente se esforzaba en procesar los atroces hechos que se me daban a conocer. Dolly es una periodista española que ha trabajado para la revista *Time* en la ciudad de México durante muchos años y es una activa funcionaria de la asociación de corresponsales extranjeros. Al amanecer de ese día, Dolly había recibido una llamada de la oficina de prensa del presidente Vicente Fox para informarle del asesinato de Alejandra, y en vista de que el jefe de la oficina de la revista en la ciudad de México se encontraba de licencia en California, y su sustituto estaba cubriendo la guerra en Irak, ella recurrió a mí, por ser el editor regional de *Newsweek* para América Latina.

Alejandra era una viuda de carácter reservado de 46 años de edad, que se había incorporado a la revista en 1999. Yo no la conocía muy bien en el ámbito personal, pero había trabajado recientemente con ella en una nota de portada para la edición internacional de *Newsweek* sobre la fallida presidencia de Fox. Los investigadores policiacos descartaron el robo como móvil del asesinato, ya que la suntuosa casa de Coyoacán no mostraba ninguna señal de haber sido forzada para entrar, y no faltaba nada

12

en la oficina ni en las habitaciones de la planta alta de la residencia. Según me contó después el joven fiscal al que le fue asignado el caso, las múltiples heridas en el pecho y una salvaje cuchillada en el cuello de Alejandra eran indicios reveladores de un crimen pasional, lo cual me resultaba muy difícil de comprender.

Para mí fue un gusto trabajar con Alejandra Dehesa, una mujer diligente, simpática, culta y siempre dispuesta a quedarse hasta tarde en la oficina, si era necesario. La sola idea de que alguien que la conociera lo suficientemente bien para haber podido entrar a la casa sin necesidad de forzarla, fuera capaz de hacerle esto, simplemente no tenía sentido.

Llamé a mis editores y tomé un vuelo en las primeras horas de la tarde de ese mismo día con destino a la ciudad de México. Sentado en el avión, y mientras hacía una lista de los familiares de Alejandra y de los funcionarios de gobierno y abogados de la empresa con quienes tendría que comunicarme, reflexioné sobre lo mucho que había cambiado la vida en la capital mexicana desde que había vivido ahí, cuando era un joven corresponsal extranjero de *Newsweek*, a mediados de la década de los ochenta. En aquellos años, la ciudad de México era un lugar excepcionalmente seguro, para ser una metrópoli de ese tamaño y con tantas desigualdades sociales. Mi entonces esposa y yo nunca dudábamos en salir por la noche con amigos y familiares que estuvieran de visita en la ciudad. Desde que me mudé a Miami, en 1999, realicé varios viajes a la ciudad de México por motivos de trabajo y antiguos amigos y colegas me advertían de los nuevos peligros de la vida cotidiana. Entre este grupo estaba el fotógrafo mexicano *freelance* Sergio Dorantes, con quien trabajé muy frecuentemente en el periodo de 1984 a 1987. Hacía mu-

13

chos años que no veía a Sergio cuando salimos a comer un viernes del verano de 2000, y me llamó mucho la atención un bastón de madera que llevaba en su Ford Mustang que le serviría para defenderse de un posible ataque por parte de algún delincuente que quisiéra robarle el vehículo. (Para mi consternación e incredulidad, Dorantes resultó ser, más adelante, uno de los principales sospechosos del asesinato de Alejandra, cuando la policía descubrió que los dos se habían casado en secreto y estaban enemistados en el momento del asesinato.)

Realmente muchas cosas habían cambiado en la ciudad de México en los quince años que habían transcurrido desde que mi familia y yo nos mudamos. De hecho, la ciudad de México se colocaba, junto con Bogotá, Río de Janeiro y Caracas, en los primeros lugares de la lista de las ciudades más violentas de América Latina. Cuando algunos amigos del sur de Florida me pedían mis impresiones sobre la metrópoli a la que alguna vez llamé mi hogar, la conversación inevitablemente derivaba a la impunidad criminal, flagelo que asolaba a sus 20 millones de habitantes. Y ahora esa amenaza me afectaba personalmente de una manera tal, que nunca pude haber llegado a imaginar.

RUDY AL RESCATE

Algo más había cambiado en la ciudad con la que me reencontré después de tantos años de haberla dejado. Para mi sorpresa, mexicanos de todas las condiciones miraban cada vez más hacia la frontera norte en busca de respuestas y soluciones a algunos de sus más acuciantes problemas. La epidemia de crímenes en la capital era uno de ellos, y en el otoño de 2002, el jefe de gobierno de la ciudad de México aceptó la propuesta de un grupo de destacados empresarios de contratar a un político estadounidense para que ayudara al cuerpo policiaco a hacer frente a la violencia incontrolada. Pero el hombre elegido por Andrés Manuel López Obrador como el ungido salvador de los aterrados ciudadanos no era un gringo cualquiera. Se trata de Rudolph Giuliani, quien había sido alcalde de la ciudad de Nueva York, en otra época fiscal, y reconocido como un republicano ultraconservador con una isaciable avidez mediática.

Y eso no era todo. En un estilo digno de su excesivamente costosa ciudad natal, Rudy Giuliani cobraba carísimo. Su empresa de seguridad consiguió un contrato por 4.3 millones de dólares para asesorar a López Obrador y a su equipo acerca de las últimas técnicas de combate contra la delincuencia. La tarifa de siete dígitos sería cubierta por un consorcio de líderes industriales mexicanos encabezados por Carlos Slim, el multimillonario de las telecomunicaciones, considerado de manera generalizada como el hombre más rico de Latinoamérica.

A primera vista la decisión de traer a Giuliani, y su solución del orden público basada en la "tolerancia cero" parecía un ardid publicitario por parte de un jefe de gobierno, con la necesidad apremiante de hacer algo sobre "El problema de la Delincuencia". De acuerdo con un estudio dado a conocer recientemente por un centro de investigación con sede en la ciudad de México que se especializa en temas de seguridad pública, se cometen casi 18,000 delitos por cada 100,000 habitantes de la capital. En otro estudio realizado por la Coparmex, organización que agrupa a empresas del sector privado, se demostraba que sólo el 3% de los delitos denunciados en todo el país ha dado como resultado la condena y sentencia de encarcelamiento del delincuente, y los policías mexicanos, con una muy merecida reputación de corruptos, estaban realizando un promedio de un arresto cada cuatro meses. Apenas un mes antes del anuncio de que Giuliani vendría a su rescate, los habitantes de la ciudad de México se quedaron pasmados con la noticia de que unos hombres armados habían secuestrado a dos hermanas de la cantante mexicana de música pop, Thalía, a la salida de un teatro en donde una de las víctimas protagonizaba la obra.

Pero había otro factor menos obvio en juego. Yo estaba en la ciudad de México en mi segundo año como corresponsal de *Newsweek* cuando un fuerte temblor sacudió a la capital en septiembre 19 de 1985. Mientras llegaban ofrecimientos de ayuda de Washington y de otras capitales extranjeras a la oficina del entonces presidente Miguel de la Madrid, su respuesta inicial fue: "gracias, pero no gracias", el gobierno mexicano podía hacerse cargo solo del siniestro. De la Madrid pronto se retractó cuando el tamaño de la devastación y la pérdida de vidas causadas por el terremoto se hicieron más evidentes, pero su espontáneo rechazo de los primeros ofrecimientos de ayuda era revelador. Hablaba de un nacionalismo profundamente arraigado que definió a los sucesivos gobiernos mexicanos a partir de los primeros años de la independencia, y ese rasgo invariablemente adquiría su expresión máxima frente al Gran Coloso del norte.

Diecisiete años después, un alcalde mexicano populista, que sólo en una ocasión había pisado suelo estadounidense, buscaba abiertamente la costosa asesoría de un político estadounidense de derecha en el momento de mayor necesidad de su ciudad. "Recurrir a Giuliani fue simbólico para López Obrador", sostiene el destacado analista político Luis Rubio del Centro de Investigación para el Desarrollo. "Se concibió para mostrar al

sector privado que hablaba en serio." Era difícil escapar a la conclusión de que en este siglo recién estrenado los mexicanos tenían
menos inhibiciones para pedir ayuda a sus vecinos ricos, poderosos y a menudo insensibles. Las palabras inmortales atribuidas
a Don Porfirio Díaz hace un siglo resonaron en mis oídos como nunca antes: "Pobre México: tan lejos de Dios y tan cerca
de Estados Unidos."

ESTADOS UNIDOS MEXICANO-AMERICANIZADOS

Como sugiere su título, este libro aborda la americanización de
México en el siglo XXI. Por americanización no me refiero úni-
camente a la infiltración de la música, la moda, los deportes y
otras expresiones de cultura pop provenientes de Estados Unidos.
Utilizo el término en su sentido más amplio, desde la creciente
dependencia de la economía mexicana con respecto a Estados
Unidos y su dominio sobre México en la era del Tratado de Libre
Comercio de América del Norte (TLCAN), hasta la influencia
de las tradiciones, los recursos y las costumbres estadounidenses
en los usos sociales, la política exterior, la política interna, los
gustos de consumo, los problemas de salud e inclusive el lenguaje cotidiano. Para mis fines, el término abarca lo mejor de los
valores y la innovación estadounidenses —eficiencia, rendición
de cuentas, tecnología y respeto por el estado de derecho—, así
como sus peores características como el materialismo y la cada
vez mayor incidencia de enfermedades sociales como el sida, la
obesidad y el consumo de drogas que en la actualidad suelen
vincularse con Estados Unidos.

A los mexicanos, por lo general, se les ponen los pelos de punta cuando escuchan el término americanización aplicado a su gloriosa nación. Toca fibras sensibles, evoca imágenes de la bandera de estrellas y franjas izada sobre el Palacio Nacional el día después de que los Niños Héroes se encontraron con la muerte en lo alto del Cerro de Chapultepec en 1847. Obliga a los mexicanos de esta era de globalización a mirarse en el espejo un largo rato y de un modo inquisitivo. Figuras prominentes de la izquierda moderna mexicana han adoptado el término, pero sus motivos han sido en gran medida políticos, porque la americanización proporciona un arma para criticar el *statu quo* neoliberal forjado por los tecnócratas egresados de las prestigiadas universidades del noreste de Estados Unidos que escoltaron al país al siglo XXI. Los que huyen de la palabra americanización tratan de inventar un término más cómodo como "la hibridación", que el joven escritor originario de Tijuana, Heriberto Yepez, alguna vez definió como un "eufemismo de 'americanización'".

Uno de los analistas mexicanos citados con más frecuencia en reportajes de medios de comunicación estadounidenses es Lorenzo Meyer, quien ha escrito ampliamente sobre las relaciones entre Estados Unidos y México a lo largo de su destacada y fructífera carrera. Fue una de las primeras personas que entrevisté para realizar este libro, y desde un principio dejó claro que no compartía mi tesis de la americanización. Meyer sugirió que nos viéramos en un restaurante en el centro comercial Perisur, el primer templo del consumismo al estilo de Estados Unidos que abrió sus puertas en la ciudad de México, y durante la comida admitió sin dificultad la sensación y el aspecto claramente estadounidenses de nuestro alrededor. Pero las apariencias pueden ser engañosas, sostuvo, en especial en un lugar como México. Para apoyar su argumento, Meyer me recordó que López Obrador, quien se había colocado como el favorito de las próximas elecciones presidenciales para el 2006, no hablaba inglés y que no había viajado mucho fuera del país. Luego estaba Carlos Slim, hijo de inmigrantes libaneses que había transformado la adquisición del monopolio paraestatal Telmex en una de las fortunas más grandes del planeta. En fecha reciente, el conglomerado Carso de Slim había reorientado su estrategia de inversión extranjera para centrarse en los mercados latinoamericanos, después de soportar grandes pérdidas derivadas de la adquisición de una cadena minorista de productos de computación en Estados Unidos. En opinión de Meyer, estos dos hombres, cada uno en su estilo, personificaban una realidad ineludible: México era sencillamente demasiado mexicano en su esencia como para justificar que se pudiera describir al país como una sociedad americanizada. "La clase media es nacionalista, y los de abajo son demasiado mexicanos para poder entender a los Estados Unidos", me dijo. "Ser especialmente pro-norteamericano es como un pecado, no es respetable. México no puede americanizarse."

Un argumento similar planteó Jorge G. Castañeda mucho antes de que ocupara el puesto de secretario de Relaciones Exteriores en el gobierno del presidente Vicente Fox y ayudara a confeccionar la política exterior más pro-estadounidense de todos los gobiernos mexicanos modernos. En su libro publicado en 1988 *Limits to Friendship: The United States and Mexico*, del que fue coautor junto con el catedrático estadounidense Robert Pastor, Castañeda identificó lo que llamó "fortalezas" de cultura mexicana que servían como rompeolas para el *tsunami* que constituía la influencia social, económica, política y cultural de Estados Unidos. "México posee una personalidad cultural propia extraordinariamente rica, diversa e históricamente bien anclada", escribió en ese tiempo. "Tiene su lenguaje y sus formas, su ritmo y sus colores, sus creencias y sus fantasías. Todos los McDonald's del mundo no podrían nunca hundirlos".

Algunos me acusarán de confundir americanización con globalización. La presencia de una agencia de automóviles BMW y una boutique de Salvatore Ferragamo en la zona hotelera de Cancún son ejemplos claros de lo último y no lo primero. Pero en el contexto de México en el siglo XXI, la globalización y la americanización son prácticamente sinónimos. "No se puede tapar el sol con un dedo", dice el conocido refrán, y en un discurso pronunciado en 1999, el fallecido Jesús Silva Herzog afirmó lo obvio: "Para mí, la globalización de México significa la americanización". En un lenguaje mucho más pícaro, el poeta y ensayista Heriberto Yepez planteó una pregunta mordaz en su irreverente sitio de Internet llamado e.n.s.a.m.b.l.e: "¿Hay algún idiota que todavía crea que no vivimos tiempos de americanización acelerada?"

México es uno más de los países que sucumbió a la violenta embestida de la americanización en la década de los noventa. Sin embargo, como cualquier alumno mexicano de 6° año de primaria puede confirmar con facilidad, las repercusiones de esta tendencia tienen un significado especial para un país que ha sufrido tanto en manos de Estados Unidos. Desde los dirigentes de la industria hasta los obreros no calificados, desde la generación hip-hop de integrantes de bandas urbanas hasta los *yuppies* que estudian para obtener el título en maestría en administración de empresas, desde los dueños de hoteles en Cancún hasta las familias cuyos hijos envían remesas para aliviar la pobreza de sus pueblos natales, cada vez más mexicanos de todas las condiciones sociales ven en Estados Unidos y en sus habitantes sus mejores esperanzas de mercados, ingreso, educación o inclusive inspiración. "La gente solía pensar en la ciudad de México como La Meca, como 'la' ciudad", afirmó el escritor Carlos Monsiváis en una entrevista en 1998. "Ahora es Los Ángeles. California ofrece empleos, no empleos glamorosos, pero los jóvenes creen que hay trabajo allá. Y California, para un joven indígena de Oaxaca o para la gente sin auténticas posibilidades de encontrar un empleo en México, ofrece también una nueva forma de vida, una manera más libre e inteligente de vida que no tienen en el campo o en los barrios pobres. Desde luego, todo esto es un ideal utópico. Van a encontrar humillaciones y bajos salarios. Pero lo que creen que tienen en Los Ángeles es la promesa de la modernidad, estar en armonía con los cambios de final del siglo. Y eso es lo que no encuentran en México."

Pero atenerse a las recetas estadounidenses o a los posibles salvadores no es una panacea para los diversos problemas de México. Esa fue la lección que López Obrador y los empresarios que financiaron el contrato de cuatro millones de dólares de Rudy Giuliani probablemente descubrieron. La empresa de seguridad de Giuliani emitió un informe final en el verano de 2003 con una lista de 146 recomendaciones específicas para combatir la delincuencia, limpiar los órganos policiacos notoriamente corruptos de la ciudad de México y modernizar sus bases de datos y técnicas de investigación. El ex-alcalde de la ciudad de Nueva York cobró su jugoso cheque y prosiguió con su siguiente trabajo de asesoría. Armado con una nueva "ley de cultura cívica" inspirada por Giuliani, los policías de López Obrador declararon una guerra efímera contra las legiones de individuos que limpian parabrisas, los limosneros y vendedores callejeros que andan por las peligrosas calles de la capital mexicana en busca de unos cuantos pesos. Pero las celebridades, los entrenadores de fútbol y los habitantes comunes y corrientes de la ciudad siguieron viviendo con el miedo cotidiano a los asaltantes y secuestradores, y desconfiando de los policías uniformados que supuestamente deben protegerlos y servirlos. Y el asesino de Alejandra Dehesa todavía seguía libre. Llegué a la conclusión de que algunas cosas en México habían cambiado muchísimo. Pero muchas otras, evidentemente no.

Un chicano llega a la gran enchilada
México, D.F. 1984-87

Tenía sentimientos contradictorios cuando mis editores de la revista *Newsweek* me ofrecieron el puesto de jefe de la oficina de la ciudad de México en el otoño de 1983. Desde el punto de vista profesional, representaba una fantástica oportunidad para mi carrera, ya que ascendería al rango de los corresponsales extranjeros de la revista, y eso apenas unos días antes de cumplir 27 años de edad. En el proceso llegaría a ser uno de los reporteros encargados de cubrir los conflictos armados que habían estallado en el sur en América Central, lo cual era uno de los principales temas de noticias extranjeras para la prensa estadounidense en la época de Ronald Reagan. Había escuchado historias de horror sobre el smog y el tránsito de el D. F., pero, por ser originario de Los Ángeles, no me eran ajenas ninguna de estas calamidades urbanas.

En aquellos días, recuerdo que la perspectiva de vivir en la tierra de mis antepasados me llenaba de cierto temor. Como hijo de inmigrantes mexicanos nacido en California, sabía que siempre sería un norteamericano a los ojos de mis vecinos. Mi español, falto de práctica, y el notorio acento extranjero no ayudarían mucho. Y luego estaba el asunto de cómo ven los mexicanos a los chicanos como yo. Grabado de forma indeleble en mi memoria estaba el relato del académico mexicano-estadounidense Julián Nava, sobre su primer encuentro con Jorge Castañeda y Álvarez de la Rosa, secretario de Relaciones Exteriores en la época de José López Portillo, después de que fue nombrado embajador de Estados Unidos por Jimmy Carter en 1980. "Insistía en hablarme en inglés aun cuando yo le hablaba en español", recordaba Nava en sus memorias. "Me imaginé que debía utilizar el español puesto que estaba en México, pero mantuvo la conversación en inglés. Eso me molestó."

Conocía esa sensación.

Lo mismo me había ocurrido en varias ocasiones cuando realizaba una cobertura para *Newsweek* en América Central y a lo largo de la frontera de Estados Unidos y México. Pero en vez de sentirme agradecido ante un latinoamericano que habla inglés, por el tedioso trabajo de traducción que con eso me ahorraría, el joven e inseguro reportero que había en mi interior desarrolló un importante complejo con el asunto del idioma. Visto en retrospectiva era una actitud tonta: la razón por la que carecía del acento de un hispanohablante nativo se debía principalmente a la decisión deliberada de mis padres de criarme con la dieta del inglés como mi primer idioma. Eso no tenía nada que ver con ninguna sensación de vergüenza que albergaran por sus orígenes. Por el contrario, Joe y Olga Contreras, mis padres, siempre intentaron infundirme su orgullo por nuestras raíces mexicanas y me exhortaron a hablar con fluidez el español. No obstante, también habían visto cómo hijos perfectamente normales de otras parejas de inmigrantes habían sido cambiados a clases de "educación especial" para niños con retraso mental sencillamente porque habían llegado a su primer día de clases hablando sólo español. Como personas prácticas que eran, con

altas ambiciones para su único hijo, mis padres no iban a permitir que eso me sucediera a mí. Así que, si bien, en casa se hablaban casi todo el tiempo en español, su lengua materna ocupó un segundo lugar después del idioma oficial de su país adoptivo en su trato diario conmigo.

De forma inadvertida, mi padre alimentó mi ambivalencia sobre México. Nacido Crispín Contreras en el pueblo de Jocotepec a orillas del lago de Chapala en 1902, era la viva encarnación del estereotipo tapatío: un fanático apasionado de las chivas, "Pepe" Contreras era victoriano en sus costumbres, y de derecha, rayando en lo reaccionario, en la política. (Un ejemplar de pasta dura de Mein Kampf ocupaba un lugar destacado en el librero, y después de votar por John F. Kennedy en 1960, en gran medida a causa del catolicismo del senador de Massachusetts, mi padre votó sin cejar por los republicanos el resto de su vida.) Mi padre desdeñaba abiertamente a los mexicano-estadounidenses y las frases mitad inglés, mitad español con las que hablaban muchos de ellos. Se burlaba de su lealtad al Partido Demócrata, ridiculizaba su aceptación del término chicano y detestaba a las pandillas de jóvenes que pintarrajeaban con graffiti y que vagaban por las calles marginadas del este de Los Ángeles y nuestro barrio de Pico Rivera. Catalogaba a casi todos los chicanos como pochos, una población híbrida de perdedores con rendimiento por debajo del promedio, que no eran ni auténticos estadounidenses, ni auténticos mexicanos.

Mi madre era el polo opuesto de mi padre. Nunca comulgó con sus pensamientos, ni con sus gustos y costumbres, algunas de las cuales bordeaban cierta ortodoxia machista, ni con sus desdenes y obsesiones hacia los mexicano-estadounidenses. Bonita, extrovertida y lectora voraz, católica practicante pero no mocha, Consuelo Granillo había nacido en Chihuahua en 1924 y tenía 3 años cuando llegó a Estados Unidos, a la ciudad de El Paso, en Texas, con su mamá Leonor y sus dos hermanos. (Ya siendo adulta, cambió su nombre por Olga.) Al revés de mi padre, ella no sólo aprendió a hablar y escribir bien en inglés (él lo hablaba con un acento muy marcado), sino que se integró al país y a su gente. Trabajadora incansable, solía permanecer hasta la madrugada realizando traducciones que ayudaron enormemente en la precaria economía familiar. Como el agua y el aceite, mientras Pepe Contreras votaba por los Republicanos, ella siempre apoyó a los Demócratas.

Cuando mi padre menospreciaba a los mexicano-estadou-

nidenses en la mesa del comedor, parecía olvidar que estaba en presencia de uno de ellos. Pero yo jamás lo olvidé y, es más, con el tiempo tomé aguda conciencia de las diferencias que separaban a los mexicanos de los chicanos. Eso quedó demostrado de un modo palpable en el patio de la escuela, cuando nos mudamos a Guadalajara como familia después de la jubilación de mi padre en el año 1968. Me inscribí en el Colegio Americano en enero de ese año y desde el primer día mis compañeros de clase mexicanos me trataron simplemente como otro gringo más. Viéndolo en retrospectiva, ahora me doy cuenta de que era completamente entendible. Mi español era rudimentario, prefería las hamburguesas y la papas a la francesa, en lugar de los tacos y los frijoles, y de manera instintiva me acercaba a los alumnos estadounidenses en busca de nuevos amigos.

Pero la fría acogida que me dieron muchos de los alumnos mexicanos de quinto grado del Colegio Americano me causó resentimiento durante muchos años. Cuando una alumna de piel clara y clase alta del Instituto Tecnológico y de Estudios Superiores de Monterrey se burló de los mexicano-estadounidenses y los llamó "basura fronteriza" durante una entrevista para este libro, me contuve, pero en mi interior me sentí rebajado. Esa actitud de superioridad sigue manifestándose incluso entre los funcionarios mexicanos de mayor edad que deberían tener más conciencia de la falsedad de esa afirmación. Cuando al secretario de Relaciones Exteriores del presidente Fox, Luis Ernesto Derbez, se le preguntó por qué 4 de cada 10 hispanos votaron en favor de una polémica ley en el estado de Arizona en 2004, que restringía los servicios del gobierno a inmigrantes ilegales en ese estado, respondió: "Es triste y da una idea de cómo tenemos que trabajar para educar inclusive a nuestros propios mexicano-estadounidenses". Cuando a los seis meses de nuestra llegada a Guadalajara mi mamá declaró que estaba harta de la vida en México y de las actitudes de los nuevos amigos machistas de mi padre, y anunció que me llevaría de regreso a Los Ángeles, me sentí tan contento como aliviado.

Pero a pesar de esos antecedentes, muchos años más tarde no me tomó mucho tiempo aceptar el cargo en la ciudad de México. Ningún sentimiento que tuviera respecto de mudarme al sur de la frontera se iba a interponer en el camino de mis ambiciones profesionales. En el invierno de 1984, Caroline, mi entonces esposa, y yo volamos hacia la Big Enchilada —el término irreverente que utilizó un columnista del único periódico en inglés de la ciudad de México para describir a la irregular e inmensa metrópoli—, entusiasmados con el viaje y las aventuras que con toda seguridad nos aguardaban.

VECINOS QUE LUCHAN ENCARNIZADAMENTE

Gracias a un golpe de buena suerte, la casa que rentamos en Lomas de Chapultepec pertenecía a Alan Riding, el célebre corresponsal del *New York Times* que estaba en proceso de asumir un nuevo cargo para su periódico en Río de Janeiro. Un ciudadano inglés, urbano y ocurrente, cuya labor periodística se consideraba de manera generalizada como el estándar de oro de los corresponsales extranjeros que vivían en la ciudad de México. Riding acababa de terminar su libro *Distant Neighbors: a Portrait of the Mexicans* ("Vecinos distantes: un retrato de los mexicanos"), un *best seller* en 1984 que al instante se volvió lectura obligada para cualquiera que estuviera verdaderamente interesado en el país y su gente. Pronto quedó claro lo apropiado del título que había elegido para su análisis, original y de gran influencia, del México moderno.

A mediados de la década de los ochenta, México todavía se encontraba definiendo su propio rumbo en materia de política exterior. Producto de un ferviente patriotismo y diferencias genuinas con Washington en su visión del mundo y los intereses nacionales, la política exterior impetuosamente independiente de México se estrelló de frente contra los instintos aguerridos y expansionistas del gobierno de Reagan. En el transcurso de la mayor parte de los cuatro años que duró mi tarea en la ciudad de México, las relaciones entre Estados Unidos y México fueron una enmarañada red de tensiones y sospechas mutuas. En el momento de mi llegada, el punto destacado de la fricción bilateral era América Central, donde el gobierno del presidente Miguel de la Madrid estaba tratando de negociar un acuerdo de paz regional bajo los auspicios del Grupo Contadora, recientemente formado por cuatro naciones: México, Colombia, Venezuela y Panamá. El Grupo Contadora veía la diplomacia como la única solución a los conflictos armados que ensangrentaban a los países de El Salvador y Nicaragua. Esa postura rechazaba la política belicosa de Ronald Reagan hacia América Central, que en esencia se reducía al derrocamiento, por cualquier medio que fuera necesario, de los comandantes sandinistas en Managua, junto con un amplio apoyo militar y económico para el gobierno pro-estadounidense en El Salvador.

La salva que dio pie a lo que se convirtió en una guerra de palabras cada vez más pública entre los dos países fue disparada por un general estadounidense el mismo mes en que yo llegué a la ciudad de México. Durante una audiencia en el Senado de Estados Unidos en febrero de 1984, el general Paul Gorman llamó a México un "estado unipartidista" que había abierto sus puertas a los movimientos de guerrilla marxista de El Salvador y se había convertido en el centro para la subversión en toda América Central". El dirigente de las fuerzas armadas norteamericanas en América Latina, radicado en Panamá, predijo que, en ausencia de un cambio drástico, México llegaría a ser "el problema de seguridad número uno" de Washington en los próximos 10 años. El lenguaje rudo del general, quien reveló sus limitados conocimientos de geografía cuando calificó a México como "el gobierno y la sociedad más corruptos de América Central", sorprendió al Departamento de Estado en Washington, el cual se apresuró a desconocer las observaciones de Gorman diciendo que era "su opinión personal".

Pero el daño ya se había hecho en la ciudad de México. Un vocero de la Secretaría de Relaciones Exteriores de inmediato reprobó la afirmación de Gorman al llamarla una "estupidez" y "un peligro para la seguridad de México", que podía ser aprovechado por Estados Unidos como pretexto "para intervenir en nuestro país".

El testimonio de Gorman ante el Congreso fue el primero de una serie de pronunciamientos y escritos que filtraron funcionarios estadounidenses de alto rango con la intención de amedrentar al gobierno mexicano para que cambiara el curso en América Central. *Newsweek* publicó un breve artículo en abril de 1984 sobre una propuesta del asesor del Consejo Nacional de Seguridad de Estados Unidos, Constantine Menges, de idear "un plan maestro de diplomacia" que a la larga convenciera al gobierno mexicano de respaldar la obsesiva guerra del gobierno de Reagan contra el comunismo en América Central. La iniciativa de Menges nunca llegó a ningún lado, pero al momento en que se publicó el artículo, apenas un mes antes de la primera visita de Miguel de la Madrid como presidente de México, a Washington, motivó gestos de extrañeza en ambos países. En la víspera de su llegada, el columnista de investigación periodística, Jack Anderson, publicó un artículo escasamente documentado en *The Washington Post,* en el que afirmaba que Miguel de la Madrid había "guardado" 162 millones de dólares en una cuenta personal de un banco suizo. Anderson basaba el relato en entrevistas con funcionarios del gobierno de Reagan, cuyos nombres no daba a conocer y en documentos de carácter secreto del servicio de inteligencia de Estados Unidos que afirmaba haber visto. Como con los escritos de Menges, nada concreto se derivó de la columna de Jack Anderson. Sin embargo, para Miguel de la Madrid y sus asesores todo olía a un esfuerzo elaborado y orquestado por políticos de línea dura de Washington para presionar a los mexicanos sobre América Central.

La discrepancia entre los vecinos distantes adquirió proporciones cacofónicas nueve meses después, cuando unos pistoleros secuestraron a un agente de la *Drug Enforcement Administration* (DEA) de Estados Unidos en las calles de Guadalajara, a plena luz del día. El secuestro y posterior asesinato del agente de la DEA, Enrique Camarena Salazar, en febrero de 1985, llevó a las relaciones entre Estados Unidos y México a su nivel más bajo en casi 20 años. Los funcionarios estadounidenses se vengaron reduciendo el tránsito proveniente de México a lo largo de la frontera de 3,000 kilómetros de los dos países. Con el nombre en clave de "Operación Interceptar", la medida fue descrita por funcionarios estadounidenses como parte de la continua búsqueda del desaparecido agente de la DEA. Pero el verdadero motivo tras la operación era persuadir a México de que tomara medidas generales más enérgicas y resueltas en cuanto a sus "elementos criminales, incluyendo los traficantes de droga", dijo John Gavin, el sumamente controvertido embajador de Estados Unidos en México en ese momento.

Gavin, actor de películas de clasificación B, pagado de sí mismo, único embajador de Estados Unidos de los que yo conocí que insistía en que los periodistas se pusieran de pie cuando él entraba a la sala para una conferencia de prensa, llegó a ser la viva encarnación del estadounidense prepotente para millones de mexicanos durante la era Reagan. El afán de Gavin de sostener reuniones públicas con los líderes de los partidos de oposición mexicanos y de sermonear a los funcionarios de gobierno sobre la necesidad de hacer que su país fuera más democrático, exasperó en repetidas ocasiones al presidente Miguel de la Madrid y a sus secretarios de Estado.

Pero este singular y poco diplomático embajador reflejaba de manera precisa las posturas que tomaban varios funcionarios de alto nivel en Washington de presionar a México. Entre ellos estaban el director de la CIA, William Casey, a quien le inquietaba que una oleada de inmigrantes ilegales cruzara la frontera mexicana hacia Estados Unidos en caso de que el comunismo llegara a constituirse en América Central; el comisionado de Aduanas de Estados Unidos, William von Raab, quien vio en la Operación Interceptación una oportunidad de oro para castigar a México por su respuesta indolente al surgimiento de importantes cárteles de narcotráfico; y el belicoso Subsecretario de Estado para Asuntos Interamericanos, Elliot Abrams, quien alguna vez dijo en una audiencia a puertas cerradas en el Senado de Estados Unidos que México padecía una tendencia "a definir su política exterior en oposición a la nuestra", una tradición que él consideraba que se remontaba a la Guerra de México de 1846-48 y que reflejaba "un deseo de distanciarse de nosotros en cualquier política que adoptemos."

En esta campaña, los políticos de línea dura de la administración de Reagan en ocasiones eran auxiliados y encubiertos por los corresponsales estadounidenses radicados en México, y como tal no me absuelvo de esa afirmación. Cuando el coro anti-México estaba alcanzando un *crescendo* en Washington en la primavera de 1986, la edición internacional de *Newsweek* presentó, con aire triunfante, un largo artículo de mi autoría sobre la empañada credibilidad de Miguel de la Madrid en México y en el extranjero. La imagen de la portada de ese número mostraba a una jovencita extraviada, con aspecto de indigente, parada en un sucio callejón de la ciudad de México, bajo las palabras "Promesas rotas." Posteriormente, el artículo le costó a *Newsweek* una reprimenda formal en la cámara baja del Congreso mexicano, que inició un legislador perteneciente al partido gobernante del PRI.

En 1986, cuando llevaba más de la mitad de mi estancia de cuatro años en la ciudad de México, los vecinos distantes parecían andar todavía más de la greña que cuando Riding publicó su libro. Sobre este aspecto había cierta ironía: desde el principio de su presidencia, Miguel de la Madrid, el primero de una serie de tecnócratas egresados de las prestigiadas universidades del noreste de Estados Unidos que gobernaban México en las décadas de los ochenta y los noventa, adoptó una postura mucho menos indulgente que su antecesor tercermundista, José López Portillo, hacia los sandinistas y las fuerzas de la guerrilla salvadoreña que contaban con el respaldo de Cuba. De la Madrid había rechazado repetidas invitaciones de Daniel Ortega a visitar Managua, suspendió en gran medida los envíos de petróleo subsidiado a Nicaragua y exigió pagos de contado para las futuras entregas de crudo mexicano. Ese cambio en la política mereció elogios inclusive de Elliot Abrams. "Se están distanciando de Nicaragua", admitió Abrams durante una audiencia del Senado de Estados Unidos en 1986. "Eso lo consideramos, obviamente, un paso positivo."

No obstante, ese "paso positivo" no valía mucho en el Washington de Ronald Reagan. Para los anticomunistas del gobierno estadounidense, cualquier cosa menor que una sumisión absoluta a la cruzada para destituir a los sandinistas era insuficiente. "El problema radica en el hecho de que si bien México tal vez se haya distanciado de la izquierda, el gobierno de Reagan estaba acercándose todavía más a la derecha", escribió Jorge G. Castañeda en su libro publicado en 1988, *Limits to Friendship*. "A medida que México moderaba sus iniciativas de paz y acallaba sus críticas a la política estadounidense en Centroamérica, Washington elevaba sus apuestas e incrementaba su propio compromiso de derrocar a los sandinistas."

La exasperación de Miguel de la Madrid en la cima de la feroz campaña de Estados Unidos en contra de México queda muy clara en sus memorias *Cambio de rumbo*. El presidente sentía una aversión casi visceral por Gavin, cuyo imperioso estilo equiparaba al de un "procónsul". Sin embargo, Miguel de la Madrid también reconoció que el embajador estadounidense no era una pieza suelta de artillería en la cubierta del barco del Estado de Ronald Reagan. "Parece absurdo que los Estados Unidos quieran tratarnos a patadas", señaló Miguel de la Madrid en uno de los capítulos dedicados a su tercer año a cargo de la presidencia. "Sin embargo, eso es exactamente lo que están haciendo." Había ocasiones en que el presidente mexicano abandonaba la esperanza de que mejoraran las relaciones con Estados Unidos durante su sexenio. "Estamos frente a gente ruda, que no busca un entendimiento, sino imponerse", escribió el gris tecnócrata con una inusual franqueza. "Ello me hace suponer que nuestras relaciones no van a cambiar demasiado."

35

Extraño en una tierra extraña

Pero no eran sólo las diferencias en política exterior lo que separaba a los vecinos. Dada su proximidad geográfica con la frontera de Estados Unidos, la ciudad de México que llegué a conocer a mediados de la década de los ochenta era una capital internacional notablemente des-americanizada.

Es cierto que se veían algunos ejemplos de la influencia estadounidense, había montones de automóviles Ford y Chevrolet recorriendo las calles de la ciudad de México, el logotipo de Coca-Cola estaba en todos lados y los más recientes estrenos de Hollywood dominaban las pantallas de los cines. Gracias a Cablevisión, yo podía ver el noticiero nocturno de CBS con Dan Rather, disfrutar los videos musicales más recientes de MTV y a menudo sintonizar transmisiones en vivo de los partidos de béisbol de los Dodgers de Los Ángeles —mi equipo favorito, en cuya lista de jugadores se encontraba el orgullo de Sonora, el lanzador de bolas con trayectorias caprichosas, Fernando Valenzuela. "Ni dudar que los patrones de consumo entre la clase media urbana son cada vez más 'estadounidenses'", escribió Castañeda, profesor de ciencias políticas en esa época, quien años después seguiría los pasos de su padre en la Secretaría de Relaciones Exteriores de México. Pero Castañeda advirtió que la "americanización" no debía confundirse con modernización impulsada por la clase media. "Hamburguesas, pantalones de mezclilla, música rock, una cierta liberación sexual, son señales reveladoras del evidente crecimiento de la influencia estadounidense en México en los años recientes", indicó. "¿Todas estas tendencias son esencialmente norteamericanas, o se originaron en Estados Unidos debido a que los procesos económicos y sociales subyacentes que les dieron origen se desencadenaron primero allá? ¿La música rock es tan popular porque es estadounidense, o porque está hecha a la medida del consumo de la clase media? ¿Los pantalones de mezclilla son estadounidenses, o de la clase media?"

Las respuestas a las retóricas preguntas planteadas por Castañeda parecen evidentes por sí mismas. La creencia de que los pantalones de mezclilla son una preferencia de la "clase media" es una ficción, en vista de la remota historia de que este tipo de prenda se usaba como uniforme de la clase obrera estadounidense mucho antes de que la mezclilla se pusiera de moda en la década de los sesenta. Y los movimientos pélvicos de Elvis Presley en realidad escandalizaron a millones de padres de la clase media de los suburbios y las pequeñas ciudades de todo Estados Unidos en la década de los cincuenta, antes de que el rey del *rock and roll* se convirtiera en una celebridad del espectáculo. En realidad, los *blue jeans,* la música rock y las hamburguesas conquistaron al planeta en su conjunto, en parte porque representaban, a su manera, una rebanada del "*American way of life*".

No obstante, independientemente de qué tan americanizada estaba la clase media mexicana en la década de los ochenta, el país todavía tenía una economía bastante cerrada que restringía el acceso de las empresas estadounidenses y sus productos al mercado nacional. Los bancos estaban en manos del Estado y las principales cadenas hoteleras eran mexicanas, al igual que los supermercados en donde Caroline, mi esposa, hacía las compras. Las verduras frescas y los alimentos enlatados eran casi todos cultivados en el país, y la cerveza provenía casi exclusivamente de cervecerías locales. Había un solo McDonald's en todo México en 1985. Los productos estadounidenses eran imposibles de encontrar en las tiendas o su costo era prohibitivo, al grado que mi esposa y yo tuvimos que hacer un viaje especial a la ciudad fronteriza de El Paso, Texas, para comprar la carriola, corralitos y otros artículos de bebé necesarios para la llegada de nuestra primera hija. "Cuando estaba creciendo", escribió la periodista mexicana Rossana Fuentes Berain en una columna del *New York Times* en enero de 2004, "México tenía un partido: el PRI; una iglesia: la católica; y una marca para cada producto: una mexicana."

Algunos de los ritmos y costumbres de la ciudad de México no se parecían a nada de lo que yo había experimentado viviendo en Estados Unidos. La puntualidad todavía era un concepto ajeno a muchos chilangos, al grado de que yo siempre llevaba una revista o un libro cuando tenía alguna cita o una entrevista, ya que tenía la certeza de que no me recibirían a la hora acordada. La productividad era otro valor estadounidense que todavía no se arraigaba en la ciudad de México, un hecho de la vida que se confirmaba día a día con el tradicional ritual de la comida de tres tiempos. Los voceros del gobierno nunca se reportaban a mis llamadas, y casi todos parecían haber recibido instrucciones de no hablar con la prensa extranjera. El aire en la ciudad de México era sucio, los olores de los puestos de comida callejeros eran penetrantes, y el ruido del tránsito y de los cláxones de los automóviles podía ser ensordecedor.

No obstante, no había nada de insulso u homogéneo en las vistas y sonidos del México de esa época. Su mero aspecto exótico dejaba una poderosa impresión en todos los que llegaban del exterior, inclusive a alguien como yo, con fuertes vínculos con el país y su cultura por ambos lados de la familia.

Algunas instituciones mexicanas eran poco menos que imitaciones huecas de sus contrapartes norteamericanas. Esto era particularmente cierto en lo que se refiere al periodismo imperante en la década de los ochenta. Cuando cada día levantaba la edición matutina del *Excélsior*, me sorprendía cómo alguien verdaderamente podía leer aquel periodicucho. La típica primera plana del diario era un desagradable montón de artículos, unos doce o más, con encabezados a veces sin sentido, a menudo tomados directamente del más reciente discurso del presidente ("Sin demagogia se resuelven demandas mayoritarias: MMH" fue uno de mis favoritos).

Algunos mexicanos se engañaban a sí mismos creyendo que el director-conductor de Televisa Jacobo Zabludovsky era el equivalente local de Walter Cronkite, el legendario periodista de la *CBS News,* quien ayudó a debilitar el apoyo de los estadounidenses a la guerra de Vietnam a finales de la década de los sesenta, cuando declaró al aire que las afirmaciones del Pentágono de los éxitos en el campo de batalla no tenían ningún fundamento real. Pero nada en el parloteo incondicional de Zabludovsky, que seguía la línea oficial proveniente de Los Pinos, se acercaba remotamente al sano escepticismo de la labor informativa de la cadena de televisión norteamericana. La íntima relación entre *Excélsior* y Televisa con el gobierno fue captada perfectamente en la primera plana del periódico durante el primer viaje oficial al extranjero de Miguel de la Madrid, concretamente a cuatro países latinoamericanos, en marzo de 1984: mostraba una fotografía en blanco y negro de Zabludovsky y el editor del *Excélsior*, Regino Díaz Redondo, codeándose con el presidente durante su escala en Bogotá. Sólo *Proceso* y *La Jornada* valían la pena leerse de manera regular, pero con ambas publicaciones un lector juicioso tenía que filtrar el sesgo editorial notablemente izquierdista y el maniqueo de los artículos periodísticos que abordaban asuntos internacionales.

La exaltada lucha interna entre demócratas y republicanos por las nominaciones presidenciales de sus respectivos partidos brillaba por su ausencia en la política mexicana. De la Madrid debía su ascenso al poder al dedazo de López Portillo, y aunque tomó protesta con la promesa de impulsar la "renovación moral" de la sociedad mexicana, pronto la frase sonó falsa para los partidos de oposición del país. Yo era uno de los muchos corresponsales extranjeros quienes vieron de primera mano cómo el gobierno urdió un fraude electoral flagrante para asegurar las victorias de los candidatos del PRI a las gubernaturas de dos estados del norte del país: Sonora y Chihuahua. El último artículo de portada que escribí sobre México para *Newsweek* fue la unción que hizo Miguel de la Madrid a Carlos Salinas de Gortari como candidato del PRI en la elección de 1988, con lo que se perpetuaba la tradición duradera, pero profundamente antidemocrática, de elegir a su sucesor como presidente. Independientemente de lo estridentes que pudieran haber parecido las observaciones del general Paul Gorman sobre México al inicio de mi corresponsalía, su descripción del país como un Estado unipartidista quedaba fuera de toda duda.

Las motivaciones más profundas de quienes criticaban a México, como Gorman, eran censurables. Sin embargo, mucho de lo que decían necesitaba decirse. Para los intelectuales de la ciudad de México, el senador republicano xenofóbico, Jesse Helms, debe haber parecido una caricatura viviente del racista sureño estadounidense blanco. Pero parte de sus críticas abiertas a la seudodemocracia mexicana en una audiencia en el Senado en 1986, que Helms presidió, debían haberse hecho hace tiempo. "Le diría al gobierno mexicano, abran su proceso electoral a la revisión y la inspección", declaró Helms para consternación incluso de algunos funcionarios del gobierno de Reagan. "México no merece ninguna ayuda de la comunidad internacional hasta que esto no se haya llevado a cabo. Y dejen que la prensa en México hable de un modo imparcial. Dejen que todos los partidos políticos en México critiquen el proceso y recomienden reformas."

PINCHES GRINGOS

En ese periodo, la hostilidad que dominaba las relaciones entre Estados Unidos y México de ninguna manera provenía sólo del país del norte. Se han escrito montones de artículos sobre los complejos sentimientos que los mexicanos albergan hacia sus vecinos del norte, y uno de los principales secretarios del gabinete de Miguel de la Madrid recuerda la mitad de la década de los ochenta como una época en que el sentimiento anti-gringo alcanzó una intensidad particular en todos los niveles de la sociedad. "Había un sentimiento anti-estadounidense no sólo en la cancillería y en el gobierno, sino en la opinión pública mexicana", dijo el ex-secretario. Luego De la Madrid acusó a sus propios diplomáticos de dejar que prevalecieran sus emociones sobre la razón cuando se trataba de Estados Unidos. "Sienten odio por Estados Unidos", afirmó en sus memorias, "porque a lo largo de nuestra historia, los gobiernos de esa nación se han encargado de aprovechar y abusar de la dependencia que de ellos tenemos. Naturalmente, en esta relación no ayuda la posición del actual gobierno estadounidense."

Al parecer, ningún asunto era demasiado externo para los diplomáticos mexicanos ansiosos de mostrar su desprecio por Washington. La colonia africana de Namibia fue un ejemplo: el embajador mexicano ante las Naciones Unidas despertó la furia del gobierno de Reagan cuando votó en favor de una resolución respaldada por varios países africanos negros que censuraban a Estados Unidos y a otras potencias occidentales por no hacer más para ayudar a que Namibia lograra su independencia del gobierno minoritario blanco de Sudáfrica.

Entre los países del hemisferio occidental, sólo Cuba y Nicaragua, con gobierno sandinista, votaron en menos ocasiones con Estados Unidos en las Naciones Unidas que México a mediados de la década de los ochenta. Eso disgustó al gobierno de Reagan y a Miguel de la Madrid, quien más tarde reprendió en su libro a su canciller, Bernardo Sepúlveda Amor. "El problema es que Sepúlveda ha caído en la trampa de las relaciones con Estados Unidos", escribió De la Madrid. "No podemos, por cualquier motivo, buscar antagonismos con los Estados Unidos."

El punto crítico de la presidencia de Miguel de la Madrid ocurrió en el más público de los escenarios. El 31 de mayo de 1986, más de 100,000 aficionados al fútbol se congregaron en el estadio Azteca para presenciar el primer partido del máximo evento deportivo, la Copa Mundial, y cuando Miguel de la Madrid tomó el micrófono para inaugurar formalmente el torneo, gran parte de su preparado discurso fue apagado por un prolongado estrépito de rechiflas y burlas.

La humillación del presidente frente a las cámaras de televisión del mundo coronó lo que probablemente fue su peor mes en el cargo. Por otra parte, la empresa Fundidora de Monterrey, la más antigua acerería de América Latina, perdía dinero, por lo que se declaró en quiebra el 8 de mayo, y al instante se convirtió en un símbolo desmoralizante de la recesión que De la Madrid heredó de su predecesor y que parecía no tener un fin próximo. Las audiencias del Senado de Estados Unidos, presididas por Jesse Helms, despertaron furor en la prensa de la ciudad de México y propiciaron que el gobierno de Miguel de la Madrid entregara una rara nota diplomática de protesta al Departamento de Estado.

Pero fue el episodio del Estadio Azteca lo que realmente tocó las fibras en el interior del casi siempre imperturbable presidente mexicano. Debido a lo costoso de los boletos para presenciar cualquier partido de la Copa Mundial, la mayor parte de los aficionados reunidos el día de la inauguración provenía en gran medida de las clases alta y media-alta del país. Años más tarde, Miguel de la Madrid culpó de la rechifla a lo que él llamó "una nueva burguesía mexicana", cuyo rasgo más notable era "su determinación a mostrarse insatisfecha ante la realidad que vivimos". En sus memorias afirmó que el opositor Partido Acción Nacional, que se fortaleció durante su gestión, debía mucho del mejoramiento de su suerte política a aquellos petulantes mexicanos de la clase media alta. Esta clase de nuevos ricos había envalentonado a la alguna vez tímida derecha mexicana para que acusara a De la Madrid de tensar innecesariamente las relaciones con Estados Unidos. El presidente atribuyó dichas acusaciones a una "franca filiación pronorteamericana" entre "amplios sectores empresariales y… clases pudientes."

Esa tarde, desde mi asiento en el palco de prensa del estadio Azteca, observé cómo Miguel de la Madrid reflejaba la imagen de un político desgastado. Estaba todavía a la defensiva por su inepto y desordenado manejo de los estragos del temblor de septiembre de 1985 y el PRI enfrentaba un desafío extraordinariamente difícil del PAN en una próxima elección para gobernador en Chihuahua. La iniciativa de paz del Grupo Contadora en América Central, sencillamente expiró frente al impulso unila-

43

teral del gobierno de Reagan de derrocar el régimen sandinista en Nicaragua.

Todavía con dos años y medio por delante en su periodo presidencial, Miguel de la Madrid se había convertido en el hazmerreír de muchos de sus compatriotas: muchas bromas se referían a él como el presidente "Más de la Misma Historia", un apodo sarcástico derivado de sus iniciales MMH.

UNA NUEVA TENDENCIA AFECTUOSA

Pero la atmósfera de crisis que envenenó las relaciones entre Estados Unidos y México durante los primeros dos años de mi estancia en la ciudad de México se disipó poco a poco en los meses que siguieron a la debacle en el Azteca.

La decisión de John Gavin de renunciar ese verano al cargo de Embajador de Estados Unidos en México eliminó una molesta espina en la presidencia de Miguel de la Madrid. En julio, México por fin concluyó un convenio con el Fondo Monetario Internacional (FMI), que le entregaría al país 1.6 mil millones de dólares en nuevos créditos. Tras bambalinas, el Departamento del Tesoro de Estados Unidos, tal vez animado por la posibilidad de un incumplimiento en los pagos de la cuantiosa deuda externa de México, había desempeñado un papel constructivo y ayudó a persuadir a los funcionarios del FMI a relajar algunas de las rígidas metas de gasto y fiscales que imponían de manera rutinaria a los países en desarrollo.

De la Madrid se encontró con una recepción diferente en la Casa Blanca de Reagan cuando voló a Washington en agosto de ese año para sostener una serie de reuniones. La lista de personajes no había cambiado, Elliot Abrams estaba entre los principales funcionarios en la delegación estadounidense que acompañó a Reagan, pero los anfitriones de Miguel de la Madrid extrañamente subrayaron el modesto avance que México había hecho en la guerra contra las drogas. "El ambiente que prevaleció... fue sorprendentemente positivo". Más adelante el exmandatario recordaría: "Tengo la impresión de que Reagan se preocupó por el grado de tensión alcanzado en las relaciones entre México y Estados Unidos."

La tendencia afectuosa pasó inadvertida para la mayoría de los que componíamos el grupo de la prensa extranjera de la ciudad de México. Durante mi permanencia de cuatro años en México, la capital me servía sobre todo de punto de partida para mis viajes recurrentes a América Central, y yo podía de un modo informal evaluar el estado de los vínculos bilaterales por el número de días que pasaba físicamente dentro de México. Cuanto más tiempo pasaba en México, más tensas eran las relaciones, y conforme a esa medición, 1985 fue sin duda el año en el que la distancia que separaba a los vecinos se convirtió en un abismo colosal.

No obstante, a finales de 1986, el gobierno de Reagan de pronto se encontró a la defensiva por sus políticas hacia Nicaragua. Los funcionarios estadounidenses estaban muy ocupados con las afirmaciones de que el gobierno había evitado las restricciones del Congreso de proporcionar más dinero a las guerrillas anti-sandinistas conocidas como "la contra", a través de la venta secreta de armas a Irán. Al parecer, quedaba poco entusiasmo en la Casa Blanca de Reagan por seguir torciéndole el brazo a México en favor de una política hacia América Central bajo asedio en Capitol Hill.

En el invierno de 1987, el mismo país al que el gobierno de Reagan había tratado como un chivo expiatorio en lo que se refiere a asuntos de narcotráfico, era elogiado a los cuatro vientos como un ejemplo de éxito, cuyos esfuerzos contra los narcóticos merecían el reconocimiento del Congreso de Estados Unidos. Cuando Jesse Helms, senador de Carolina del Norte, presentó una resolución en el Senado ese año mediante la que pedía la imposición de sanciones en contra de México, algunos de sus colegas senadores republicanos se opusieron abiertamente a la propuesta con el respaldo tácito de la Casa Blanca de Reagan. La enmienda propuesta por Helms fue rechazada.

En dirección a las salidas

Me fui de México a principios de 1988. En ese momento el panorama del país a corto plazo no me resultaba alentador. De la Madrid seguía luchando por sacar a la economía de su peor bache desde la Gran Depresión, su discurso de la "renovación moral" había resultado un lema hueco, y el tráfico de drogas se colocaba como una de las pocas industrias en crecimiento de México.

Como había sucedido 20 años antes, cuando mis padres regresaron de Guadalajara a Los Ángeles, yo no lamentaba el hecho de abandonar el país. El nacimiento de nuestra hija Claire le había dado forma concreta a nuestras ansiedades y temores de pareja sobre los riesgos de salud que la ciudad de México planteaba a sus habitantes. A la par, las noticias en América Central se desinflaban a medida que Reagan entraba en su último año en el cargo. Había llegado la hora de partir.

Me sentí agradecido por la oportunidad de viajar por el país y conocer a algunos de los familiares de mi madre que todavía vivían en la ciudad de Chihuahua. Me iba de México con más vínculos de sangre por el nacimiento de nuestras dos hijas, Claire y Francesca, que cuando había llegado.

Sin embargo, percibí que la formalidad de los mexicanos de la clase alta en ocasiones era sofocante. El crudo racismo de las más altas elites del país podía ser difícil de soportar. Recuerdo un incidente en la tienda Superama de nuestra colonia, donde un hombre de traje elegante y piel clara confundió a mi colega chicano de la revista *Time,* Ricardo Chavira, con un albañil, y se comportó de manera muy grosera y despectiva con él. A medida que se acercaba nuestra partida, me di cuenta de que mi ambivalencia sobre México no había disminuido de manera significativa durante esos cuatro años. Me sentía con respecto al país como imaginaba que se sentían algunos judíos estado-unidenses progresistas con respecto a Israel, la patria de sus antecesores repleta de problemas, injusticias e hipocresías. No obstante, ellos no evadían el hecho de que seguía siendo la patria, con todas sus hilachas.

Y la identidad de esa patria parecía más vibrante y distintiva que nunca. Los vínculos económicos con Estados Unidos se habían fortalecido a pesar de las recientes tensiones políticas. Más de dos tercios de toda la inversión extranjera directa provenía de las empresas estadounidenses, y el número de maquiladoras, la mayoría de las cuales era propiedad de estadounidenses o estaban vinculadas con ellos, casi se habían duplicado en seis años, de 600, en 1981, a más de 1,000 a mediados de 1987. La decisión del gobierno de Miguel de la Madrid de incorporarse al Acuerdo General de Comercio y Aranceles en 1986 representó el primer paso en el camino hacia la integración económica con Estados

Unidos, que culminaría en el Tratado de Libre Comercio de América del Norte (TLCAN) ocho años después. Un grado significativo de americanización también había penetrado la cultura de la juventud mexicana. Pero al final de cuentas, la mexicanidad seguía con mucha vida en México.

La actitud del país respecto de las relaciones con el Gran Coloso tampoco había cambiado mucho. Miguel de la Madrid tenía muchas fallas como presidente, pero nunca se rindió frente a la táctica de fuerte presión del gobierno de Reagan sobre América Central. Mirando ese periodo en retrospectiva, ahora creo que los años 1984, 1985 y 1986 fueron testigos del peor deterioro de las relaciones entre los vecinos distantes desde que el presidente Woodrow Wilson envió a los marines a ocupar Veracruz en el punto culminante de la Revolución Mexicana, en 1914. Y para mérito suyo, Miguel de la Madrid y sus asesores no dieron su brazo a torcer.

"En política exterior y en la manera en que ambos países ven el mundo", concluyó Jorge G. Castañeda en 1988, "las diferencias entre los dos países no se están desvaneciendo". Pero esas diferencias se reducirían en una coyuntura posterior cuando Castañeda fuera nombrado canciller por el presidente Vicente Fox, y el intelectual elitista, conocido de manera generalizada como "El Güero", terminara por encauzar la política de México con respecto a Estados Unidos por un nuevo y a menudo controvertido rumbo.

Vecinos no tan distantes:
México en la época de Fox

Transcurrieron doce años antes de que volviera a poner un pie en México. Mi trayectoria profesional en la *Newsweek* me había llevado a Sudamérica, África del Sur y el Medio Oriente, y durante ese tiempo había seguido los acontecimientos de México a la distancia de un modo más bien irregular. El robo en la elección presidencial de 1988, la rebelión zapatista en 1994, la firma del Tratado de Libre Comercio de América del Norte (TLCAN), una crisis más del peso que acompañó la transición entre Carlos Salinas de Gortari y Ernesto Zedillo, eran algunos de los encabezados que registraba, pero no seguía de cerca. La explicación era sencilla: a lo largo de la década de los noventa, no tenía una verdadera razón para creer que regresaría a México como reportero en el futuro previsible. Entretanto, me había mudado a diferentes continentes y culturas, y no tenía el hábito de mantenerme al tanto de las noticias de mi vieja guarida.

Eso cambió de repente cuando la revista me transfirió a su oficina de Miami en el verano de 1999. América Latina había vuelto firmemente a mi pantalla de radar, y un año después un editor en las oficinas centrales de Nueva York me pidió que acompañara a Lally Weymouth, corresponsal diplomática especial de

la revista, en un viaje a la ciudad de México, antes de la que resultaría ser una elección presidencial verdaderamente histórica.

Weymouth tenía tres objetivos principales para esa visita: sentarse con los dos principales candidatos (el candidato del Partido Acción Nacional, Vicente Fox, y el del PRI, Francisco Labastida) y tratar de conseguir una entrevista, de modo excepcional, con el presidente saliente Ernesto Zedillo. No constituirían mi primer encuentro con los poderosos de México: mi iniciación había ocurrido muchos años antes, en 1984, cuando la oficina de Manuel Alonso, el parco secretario de Prensa de Miguel de la Madrid, ofreció a *Newsweek* una entrevista no solicitada con su jefe, antes del desafortunado viaje del presidente mexicano a Washington. Con un edecán militar elegantemente vestido, de pie y atento detrás de su silla en una oficina recubierta de madera dentro de Los Pinos, De la Madrid se mantuvo fiel a su imagen de tecnócrata aburrido y tieso: sus respuestas tuvieron un sonido estereotipado pre-grabado. La entrevista se condujo en español de principio a fin, con un intérprete oficial presente, aun cuando se sabía que el presidente, egresado de Harvard, hablaba bien el inglés.

La primera cita de Lally fue con Fox, cuyo respaldo, de acuerdo con las mediciones de las últimas encuestas, parecía estar retrocediendo a poco más de tres semanas para la elección. Con aspecto cansado y más bien molesto, el candidato del PAN llegó tarde a la entrevista en su sede de campaña en el hotel Fiesta Americana de Paseo de la Reforma. No obstante, desde el principio me quedó muy claro que Fox pertenecía a una casta muy diferente de políticos acerca de los que había yo informado y dado noticias en la década de los ochenta. Su atractiva apariencia escabrosa y su colosal estatura le habían ganado a Fox el apodo de *The Marlboro Man* (El hombre Marlboro), y sus conocimientos empresariales como ex-presidente de las operaciones de Coca-Cola en México reforzaron la imagen de un hombre listo para conducir al país al siglo XXI. Llegó a la entrevista con sus típicas botas vaqueras y respondió a las preguntas de Lally en un inglés impecable.

Dios mío, cómo habían cambiado los tiempos. Para los políticos de la generación de De la Madrid, la idea de celebrar una entrevista con un reportero estadounidense en inglés habría sido impensable. "El protocolo exigía que cuando un presidente hablaba en público, lo hiciera en español", me dijo De la Madrid en su residencia privada de Coyoacán muchos años después. Todavía recordaba yo a algunos colegas mexicanos que se preguntaban en voz alta si el Secretario de Gobernación de De la Madrid, Manuel Bartlett, uno de los contrincantes para la postulación presidencial del PRI en las elecciones de 1988, podría algún día llegar a Los Pinos con un apellido como el suyo. Para

el verano del año 2000, no se divulgaban dichas reflexiones sobre las posibilidades de que un candidato descendiera de un inmigrante irlandés. Por su parte, el presidente Zedillo tampoco dudó en responder a las preguntas de Lally en el idioma materno de ella, y si bien Labastida le habló en español por medio de un intérprete, el candidato ungido del PRI había declarado públicamente que todos los niños mexicanos debían aprender inglés.

El trasfondo de las relaciones entre Estados Unidos y México también había cambiado notablemente. En su reunión con Lally, Labastida afirmó que las relaciones con Estados Unidos estaban atravesando por "un magnífico momento" (una opinión que difería mucho de las tensiones que tanto ensombrecieron el sexenio de De la Madrid). Zedillo fue un paso más adelante, al declarar que en Bill Clinton "México tenía un muy buen amigo", elogio que ningún político le habría prodigado jamás a Ronald Reagan en la década de 1980.

Y no eran sólo los políticos los que parecían distintos. Mucho del panorama económico, social y físico del país también se había transformado.

...Y TAN CERCA DE ESTADOS UNIDOS

No era difícil encontrar pruebas de la americanización galopante en México a finales de la primavera del año 2000. En algún tiempo rara vez vistos en las aceras de la ciudad, los tenis Converse All-Star se habían convertido en el calzado de rigor para millones de jóvenes mexicanos. Los *yuppies* chilangos daban sorbos a tazas de *frapuccino mocha* blanco y *expresso caramel macchiato* en el Starbucks frente al monumento del Ángel de la Independencia en Paseo de la Reforma. Los padres llevaban a sus hijos a un extenso parque de diversiones Six Flags en la ciudad de México los fines de semana. Se deleitaban con Big Macs en 292 sucursales de McDonald's en todo el país y comían Whoppers en casi 200 Burger Kings. Tan estrechamente habían abrazado los mexicanos la cultura de la comida chatarra estadounidense que esto había propiciado un descenso del 50% en la venta de tortas en el transcurso de 10 años, y una disminución del 25% en el consumo de tortillas entre 1998 y 2004. (No obstante, había límites a ese abrazo: Taco Bell tuvo que cerrar sus cuatro sucursales en la ciudad de México en el lapso de un año de haber entrado al mercado cuando su insípida marca de comida rápida tipo Tex-Mex no pegó con los consumidores.) Más tarde descubrí un restaurante en el interior del país cuyos dueños habían introducido la prohibición absoluta de fumar. La política de "no fumar" del restaurante Dorados de Villa me llamó la atención en particular porque éste se ubicaba en la ciu-

53

dad de Zacatecas, una joya de la arquitectura colonial que está fuera de la trillada ruta que siguen casi todos lo turistas estadounidenses.

El país se había llenado de cables de comunicación, y también de comunicación inalámbrica. Desde la ciudad cafetalera de Coatepec en Veracruz hasta la ciudad exportadora de inmigrantes de Jerez en Zacatecas, cada comunidad de un tamaño razonable parecía tener cafés Internet convenientemente ubicados en los que podía revisar el correo electrónico. El acceso inalámbrico de las computadoras laptop se estaba convirtiendo en una característica común de los cafés y los principales aeropuertos de toda la república. Los anuncios patrocinados por los gigantes de las telecomunicaciones del mundo competían por la atención del *yuppie* mexicano (mi favorito era un anuncio que informaba de un llamado teléfono inteligente de Nokia que decía, "Para el workaholic que todos negamos").

Si bien las cinturas de algunos mexicanos estaban ensanchándose notablemente, otros habían absorbido la ética del acondicionamiento físico estadounidense: en las mañanas entre semana, el Bosque de Chapultepec recibía a docenas de chilangos con ropa deportiva y tenis que trotaban, andaban en bicicleta o simplemente caminaban para conservarse sanos. En las principales ciudades, más escolares celebraban Halloween que el Día de Muertos, y los centros comerciales al estilo norteamericano se habían convertido en referentes arraigados del panorama urbano.

Las pantallas de televisión estanban en todos lados como lo son en Estados Unidos: desde las tiendas de hamburguesas hasta los restaurantes elegantes de la ciudad de México como Villa María y Los Canarios, las pantallas bombardeaban a los comensales con videos musicales, eventos deportivos y CNN en Español a todas horas del día. Cuando una tarde abordé un autobús en la ciudad de México para hacer el viaje de 75 minutos a Cuernavaca, los pasajeros estuvieron pegados a los monitores de televisión que colgaban del techo del vehículo durante todo el tiempo que duró una insípida comedia de Hollywood llamada *Jersey Girl* que protagonizaban Jennifer López y Ben Affleck. En el viaje de regreso a la ciudad capital, otro grupo de pasajeros estaba igual de absorto con la película de James Bond, *Die Another Day*.

Ningún ejemplo de lo que ocurre en la cultura pop estadounidense en el siglo XXI parecía demasiado vulgar o insensato para los gustos de algunos mexicanos. Big Brother y otros programas inspirados en la *reality TV* de Estados Unidos acumulaban altos niveles de audiencia. El popular conductor de un *talk show* de televisión, Adal Ramones, utilizaba una gorra de béisbol durante las grabaciones y difusiones desde un estudio que parecía una réplica del escenario de *The Tonight Show*, donde el cómico estadounidense Jay Leno todas las noches presentaba monólogos en la cadena de televisión NBC. El locutor mexicano de Univisión, con sede en Miami, Jorge Ramos, alguna vez me dijo que, salvo las transmisiones de fútbol y las duraderas telenovelas, casi toda la programación que veía durante sus viajes periódicos a la ciudad de México parecía seguir el modelo de la televisión estadounidense.

El más monótono y políticamente retrógrado deporte norteamericano, las carreras de autos Nascar que presenta Chevrolets y Fords y Dodges dotados de potencia excesiva que dan vueltas sin parar en torno a pistas ovaladas, hizo su debut en la ciudad de México en marzo del año 2005 ante una multitud de casi 100,000 fanáticos entusiasmados que agotaron los boletos. Des-

pués de entonar el himno nacional mexicano, tres jóvenes can-
tantes de música pop cantaron el himno nacional de Estados
Unidos a capela mientras banderas de Estados Unidos ondeaban
de los postes en la parte superior del Autódromo Hermanos
Rodríguez. La americanización de México no escapó a la lengua
sarcástica de Fidel Castro. "Pregúntenle a varios niños mexicanos, por ejemplo, quienes fundaron su país, y probablemente
muchos no sabrán responder", dijo Castro en una conferencia
en La Habana en medio de una diatriba en contra del TLCAN en
1998. "Pero conocen a Mickey Mouse y a otros personajes de
las caricaturas que vienen de Estados Unidos."

El cambio de gustos de los consumidores estaba entre los
más visibles legados de la era del TLCAN. Otro podía escuchar-
se en la importancia y penetración cada vez mayor del idioma
inglés. Las secciones de anuncios clasificados de los periódicos
de la ciudad de México tenían esparcidos anuncios que solici-
taban empleados con muy buena fluidez en el idioma inglés. El
lenguaje global había impregnado las conversaciones cotidianas
de los mexicanos modernos, del presidente para abajo. Cuando
un vendedor callejero indígena se le acercó a Zedillo con una
estatuilla de madera de la Virgen de Guadalupe durante una gira
presidencial en el campo, el primer mandatario respondió con
una frase que se hizo famosa, "No tengo *cash*".

Los chilangos terminaban sus pláticas telefónicas con un
conciso *bye*, y las columnas de mexicanos jóvenes como Katia
D'Artigues del periódico *El Universal* estaban salpimentadas con
términos de la jerga del inglés como *wannabes* y *groupies*. Cuando
telefoneé a un reportero que trabajaba en el tabloide capitalino
La Prensa para pedirle que me ayudara a rastrear el nombre de
una reciente víctima de asesinato, empezó por decirme, "te voy

a dar un *tip*", y luego me orientó hacia el sitio de Internet de la Procuraduría General del gobierno del Distrito Federal. El hijo bastardo lingüístico, conocido como *Spanglish,* que mi padre había ridiculizado durante las cenas familiares se había convertido no sólo en aceptable, sino claramente a la moda.

Todo esto marcaba un distanciamiento radical del pasado de México. Síntomas de americanización paulatina habían encontrado una resistencia continua en un país que a lo largo de toda su historia se había definido a menudo en términos de sus diferencias con Estados Unidos. Aquellos mexicanos que adoptaron ansiosamente al vecino del norte como un modelo digno de imitarse han sido tratados con dureza por los historiadores. Tal vez el primer ejemplo de un mexicano americanizado fue Lorenzo de Zavala, un prominente político durante los primeros años de la República, que renunció a su puesto como embajador de México en Francia en el año de 1834 en protesta por un golpe de estado organizado por Antonio López de Santa Anna en contra del gobierno del entonces presidente Valentín Gómez Farías. De Zavala se trasladó de París a Texas, donde tenía terrenos, y más tarde se unió a los colonizadores norteamericanos que tomaron las armas para luchar por su independencia del régimen de Santa Anna. El nativo de Yucatán ayudó a redactar el borrador de la constitución de la naciente República Texana y fungió un tiempo breve como vicepresidente a las órdenes de su líder Sam Houston. De Zavala tenía 48 años de edad cuando murió unos meses después de renunciar a su cargo de vicepresidente, amargado y desilusionado.

De Zavala pasó a la historia como un traidor de su propio país. Esa opinión se ha visto reforzada por la ingenua y poco halagadora comparación que hizo entre los mexicanos y sus vecinos del norte en el libro que publicó en 1834, *Viaje a los Estados Unidos del Norte de América*. "El mexicano", afirmaba de Zavala, "es ligero, perezoso, intolerante, generoso y casi pródigo, vano, guerrero, supersticioso, ignorante y enemigo de todo yugo. El norteamericano trabaja, el mexicano se divierte; el primero gasta lo menos que puede, el segundo hasta lo que no tiene; aquel lleva a efecto las empresas más arduas hasta su conclusión, éste las abandona a los primeros pasos; el uno vive en su casa, la adorna, la amuebla, la preserva de las inclemencias; el otro pasa su tiempo en la calle, huye de la habitación, y en un suelo en donde no hay estaciones poco cuida del lugar, de su descanso. En los Estados del Norte todos son propietarios y tienden a aumentar su fortuna; en México los pocos que la tienen la descuidan, y algunos la dilapidan."

Según el escritor Carlos Monsiváis la palabra americanización surgió por la primera vez en el artículo de una revista de 1895 que advertía sobre la amenaza que planteaba a la identidad nacional de México. El estigma negativo relacionado con la palabra sin duda lo fomentaron los escritores estadounidenses que calificaron el estilo de vida norteamericano a principios del siglo XX como una panacea para los diversos padecimientos de su vecino supuestamente subdesarrollado. Esa actitud condescendiente fue captada en el artículo de una revista, en el año 1909, escrito por Edward Conley que aclamó los efectos positivos de lo que él llamó la "invasión norteamericana" de México que había ocurrido durante el Porfiriato. "Les hemos enseñado a los mexicanos la banca y el uso de los bancos", dijo Conley con entusiasmo. "Hemos construido plantas de energía hidráulica y les enseñamos a los mexicanos a utilizar la enorme cantidad de energía que iba a desperdiciar en sus cascadas. Hemos, por medio de nuestro ejemplo y nuestros productos comerciales, enseñado al peón a usar zapatos y sombrero, y hemos aumentado los sueldos por toda su república." Citado por el académico chicano Gilbert G. Rodríguez en su libro publicado en el año de 2003, *Culture of Empire: American Writers, Mexico and Mexican Immigrants, 1880-1930,* Conley predijo que la estructura de la familia mexicana a la larga adquiriría una nueva forma "al estilo de Estados Unidos" (*on the American basis*) y declaró confiadamente, "cada año el modo de vida estadounidense se afianza cada vez más en los mexicanos".

El estallido de la Revolución Mexicana dos años después reveló lo prematura que fue la visión de Conley en ese momento. Pero durante las décadas siguientes la cultura estadounidense sí hizo incursiones significativas en México. Pronto el país se convirtió en uno de los mercados extranjeros más importantes de Hollywood: para la década de los treinta, tres de las cuatro nuevas películas que se exhibían en la ciudad de México eran cintas hechas en Estados Unidos. El surgimiento del *rock and roll* en la década de los cincuenta dio origen a la multiplicación de bandas imitadoras como Los Teen Tops y Los Rebeldes del Rock, que insertaban letras en español a canciones que eran éxitos provenientes de Estados Unidos. Una versión mexicana del movimiento contra-cultura que surgía en Estados Unidos llegó a mediados de la década de los sesenta en la forma del movimiento cultural conocido como la onda, y algunos de sus principales escritores condimentaban su prosa iconoclasta con letras de la música del rock. La sensación de una americanización que traspasaba los límites fue satirizada por el trabajo del famoso caricaturista político mexicano Eduardo del Río, quien firmaba sus dibujos con el seudónimo de "Rius". Una caricatura con fecha de 1966 muestra el mapa de México cubierto con 29 pancartas, los cuales incluían la palabra "Yanqui", como en "hoteles yanquis", "música yanqui", "turismo yanqui", "antojitos yanquis", "ejército tipo yanqui", etc. En la parte superior del mapa un sonriente presidente Lyndon B. Johnson le pregunta a su contraparte mexicano Gustavo Díaz Ordaz, "¿todavía hablan español?"

La inexorable invasión de la cultura norteamericana propició un retroceso en varias coyunturas. En la década de los veinte, el muy respetado Secretario de Educación, José Vasconcelos, se rehusó a subsidiar la novata industria fílmica del país con base en que el cine era un medio "típicamente estadounidense". Una producción del éxito musical de Broadway *Hair* se cerró abruptamente en Acapulco en 1969, cuando los actores intercalaron referencias a la infame masacre de Tlatelolco del año anterior. Los esfuerzos por contener la americanización alcanzaron tal vez su más absurda expresión a principios de la década de los ochenta, cuando el gobierno mexicano estableció una comisión para la defensa del idioma español en un esfuerzo, predestinado al fracaso, de detener la infiltración de los términos ingleses y, específicamente, el apóstrofo.

En la época de la globalización conducida por Estados Unidos, esos antiguos esfuerzos por hacer frente a las influencias americanizantes parecen casi pintorescos. A partir de mediados de la década de los ochenta, una sucesión de presidentes mexicanos con estudios en Estados Unidos introdujeron el modelo de crecimiento económico del libre mercado, guiado por las exportaciones, impulsado por funcionarios de alto nivel en Washington. Los resultados han sido diversos y están sujetos a interpretaciones muy variables. Pero un resultado está por encima de cualquier disputa: hoy México ha adquirido los atavíos de una colonia económica *de facto* de Estados Unidos. Una década después de que el TLCAN entró en vigor, las exportaciones mexicanas a los Estados Unidos constituyeron más del 90% del comercio internacional global del país. Los flujos anuales de la inversión estadounidense directa se convirtieron en un diluvio, al crecer de 1.3 mil millones en 1992 a 15 mil millones de dólares en el año 2001. El 86% de la inversión extranjera total que entró al país en el año 2000 correspondió a empresas estadounidenses. El dominio indiscutible de las empresas estadounidenses quedó resumido por compañías como Citigroup, que es dueña de lo alguna vez fue el banco más grande de México, y Wal-Mart, que se convirtió en el patrón del sector privado más grande del país con más de 100,000 empleados en su nómina.

Los vínculos económicos obligatorios de México con Estados Unidos no se limitan al área de la inversión extranjera directa. Dos de sus tres más grandes fuentes de divisas provienen directamente de Estados Unidos, una, de las remesas que envían a casa los trabajadores mexicanos que viven en el Norte (16.6 mil millones de dólares en el año 2004, y sigue subiendo), la otra de los 17 millones de estadounidenses que visitan México cada año y componen más del 90% total del comercio turístico extranjero del país.

Los síntomas de americanización pueden saltar a la vista en los momentos más extraños. Mi esposa, Olga Wornat, de nacionalidad argentina, y yo entramos una tarde a un Holiday Inn en Monterrey con dos amigos mexicanos y ordenamos unas bebidas. Cuando regresé del baño vi a Olga tomando uno de los más grandiosos regalos que le ha hecho México al mundo de los cócteles, una margarita clásica servida en las rocas con la dosis exacta de triple sec y jugo de limón. Nuestros amigos, por el contrario, habían optado por margaritas congeladas, un montículo de hielo en una ración de tequila con popotes de plástico que sobresalían. En mi opinión y para mi gusto, una margarita congelada es a una auténtica margarita, lo que una pizza es a un plato de ossobuco, y cuando le pregunté a nuestros amigos por qué diablos estaban bebiendo eso, encogieron los hombros y sonrieron.

Al siguiente dia, Olga y yo entramos a un restaurante en la colonia Polanco de la ciudad de México llamado La Buena Tierra. Ordené una ronda de bebidas y me tomé el tiempo de explicarle a un mesero de nombre Ray que quería una margarita correcta, no una "al estilo norteamericano". El formato de comida saludable del restaurante y la gorra de beisbolista del mesero deberían haber sido advertencias suficientes viéndolo en retrospectiva. Cuando Ray regresó a la mesa, traía el terrible brebaje congelado, caricatura norteamericanizada de un tesoro nacional, si alguna vez lo hubo, acomodado en su bandeja.

La americanización del país ha dejado su huella en la manera como México conduce su política interna. Fox adoptó una manera muy estadounidense de vender su candidatura en el año 2000. Cuando contrató a Francisco Ortiz Ortiz, antiguo ejecutivo de mercadotecnia que había trabajado en la corporación norteamericana Procter and Gamble, para que dirigiera su campaña en los medios de difusión, le dijo a Ortiz: "Veme como un producto y piensa cómo venderme." Tanto él como Labastida contrataron calladamente importantísimos consultores políticos de Washington con vínculos cercanos con el presidente Bill Clinton para que compartieran su experiencia: Fox trajo a Dick Morris, en tanto el candidato el PRI recurrió a los servicios de James Carville.

El término cabildero todavía no había entrado al léxico político del país cuando me mudé a la ciudad de México, en 1984.

Si una empresa importante extranjera o mexicana quería cambiar una ley vigente u obstaculizar una ley pendiente que iría en contra de sus intereses, sus ejecutivos hacían fila en Los Pinos como árbitro final e incontrovertible. Pero el cabildeo al estilo de Washington se ha convertido en un destacado hecho de la vida en la política mexicana en una era en la que el Congreso ya no es un órgano que aprueba automáticamente conforme a las órdenes del presidente. Con el poder político, ahora dividido de un modo más equitativo entre las ramas ejecutiva y legislativa del gobierno federal, las corporaciones ven que conviene a sus intereses contratar los servicios de cabilderos de tiempo completo como Gustavo Almaraz Montano, ex-senador de Baja California, quien prácticamente inventó la industria cuando fundó, en 1996, la empresa Grupo Estrategia Política con dos socios.

Algunos mexicanos no consideran que el surgimiento de comerciantes de acceso como Almaraz necesariamente sea algo bueno para el país. El veterano político de izquierda Pablo Gómez, del Partido de la Revolución Democrática, alguna vez comparó a dichos cabilderos con las damas de la noche que ofrecen sus servicios en la calle Sullivan, en la colonia Cuauhtémoc, de la ciudad de México. No obstante, se han insertado en la entidad política como actores bien conectados de los que no pueden darse el lujo de prescindir importantes empresas mexicanas y extranjeras. "El poder y la influencia de los partidos políticos se han reducido notablemente, y este cambio nos da la oportunidad de continuar con nuestro trabajo", afirma María Emilia Farías, ex-congresista que se volvió cabildera. "Habrá un mercado para nosotros."

Hacia una relación estratégica con el tío Sam

Desde el inicio de su presidencia, Fox invirtió mucho de su capital político en forjar mejores vínculos con Washington que cualquiera de sus antecesores en la historia moderna mexicana. El Santo Grial de este audaz paradigma de la política exterior fue un acuerdo de inmigración amplio con el entrante gobierno de Bush que legalizaría la situación de millones de inmigrantes indocumentados mexicanos en Estados Unidos. El razonamiento detrás de la búsqueda de una nueva relación "estratégica" con Estados Unidos fue planteado por el secretario de Relaciones exteriores de Fox, Jorge Castañeda, en la revista mensual *Nexos*, un año después de entrar en funciones. "México busca establecer una relación con Estados Unidos que será, necesariamente, más estrecha", escribió Castañeda. "Sin embargo, contrariamente a lo que un cierto conformismo intelectual tiende a pensar, ello no significa que ésta habrá de ser más subordinada. En el actual contexto de interdependencia el interés mutuo de México y de Estados Unidos nos exige consolidar una relación firme y de largo plazo."

La nueva era en las relaciones entre Estados Unidos y México partió de un comienzo propicio. George W. Bush rompió con una tradición de mucho tiempo e hizo de México su primer destino extranjero como presidente, en vez de Canadá. Visitó a Fox en su rancho de Guanajuato en febrero de 2001, y los asesores de ambos llamaron la atención en la buena química personal entre los amistosos jefes de Estado. En los primeros meses de su gobierno, Bush proclamó el principio de lo que llamó "El Siglo de las Américas", y calificó los vínculos de su país con México como la relación bilateral más importante para Estados Unidos.

Esa retórica se esfumó en medio del humo y las ruinas que dejaron los ataques terroristas del 11 de septiembre en Nueva York y Washington, como también las esperanzas de Castañeda de un acuerdo amplio de inmigración con Estados Unidos. Pero inclusive antes de que los soldados suicidas de Osama bin Laden ayudaran a alejar su atención de América Latina por el resto de su presidencia, la luna de miel del texano con Fox mostraba señales de estar llegando a su fin. El presidente mexicano irritó al gobierno de Bush durante una visita a Chicago en julio del año 2001, cuando afirmó que los trabajadores ilegales mexicanos en Estados Unidos tenían el derecho de conseguir licencias de conducir y entrar a las universidades estadounidenses. La visita oficial de Estado de Fox a Washington, la víspera del 11 de septiembre, empezó mal cuando el presidente mexicano llegó al South Lawn de la Casa Blanca y públicamente le dio a su anfitrión un ultimátum para cerrar el convenio de inmigración que tan fervientemente deseaba Fox. "Debemos y podemos alcanzar un acuerdo de migración antes de que termine el año", declaró Fox.

La reacción de los norteamericanos la describió posteriormente un redactor de discursos de la Casa Blanca llamado David Frum en su libro, *The Right Man: An Inside Account of the Bush White House*. "El tono objetable de los comentarios con los que inició Fox su discurso ensombreció toda la desastrosa visita", escribió Frum. "En las reuniones de personal y gabinete, los mexicanos preparaban exigencias de sus contrapartes estadounidenses de concesiones sobre inmigración, al tiempo que rechazaban analizar incluso la apertura de su mercado energético (a empresas petroleras privadas de Estados Unidos)."

Después de los ataques terroristas, el discurso de Bush sobre el Siglo de las Américas desapareció más rápido que una botella de Cuervo Oro en la fiesta de 21 años de las hijas gemelas del presidente. Pero la nueva política exterior con una resuelta tendencia pro-estadounidense durante el gobierno de Fox continuó por un buen rato después de que México dejara de ser prioridad de la política exterior en el gobierno de Bush. Cuba proporcionó el ejemplo más notable. Durante el liderazgo de Fox, México rompió completamente con la tradición de cultivar vínculos cercanos con La Habana, y en repetidas ocasiones respaldó las resoluciones patrocinadas por Estados Unidos que condenaban el pésimo récord de derechos humanos en Cuba en las reuniones anuales de la Comisión de las Naciones Unidas sobre Derechos Humanos. En una visita a Miami durante los primeros meses de la presidencia de Fox, Castañeda, que en su juventud alguna vez fue miembro del Partido Comunista Mexicano, declaró que las puertas de la embajada mexicana en La Habana estarían abiertas para cualquier ciudadano cubano interesado en visitar México. Esta declaración se interpretó de manera generalizada como una invitación abierta a los disidentes cubanos, y en el lapso de unas horas la embajada estaba invadida por cientos de jóvenes desempleados que buscaban asilo político.

Fidel Castro tomaría su venganza a su debido tiempo. Cuando Fox previó la posibilidad de un encuentro incómodo entre Bush y Castro en la cumbre auspiciada por las Naciones Unidas en Monterrey, en el año 2002, telefoneó al líder cubano y le ofreció a Castro una deliciosa comida con cabrito a cambio de que aceptara abandonar el país un día antes de la llegada del presidente estadounidense. Más tarde un Castro indignado puso en aprietos a Fox en una conferencia de prensa en La Habana al divulgar las grabaciones de lo que el presidente mexicano había creído que era una conversación telefónica privada. Dos años después, el dictador cubano boicoteó una reunión de líderes europeos, latinoamericanos y del Caribe en Guadalajara, y explicó su decisión en una carta de ocho páginas escritas en un lenguaje duro que condenaban la "vergonzante obediencia del gobierno de Fox a las órdenes de Estados Unidos".

Los ataques de La Habana no tuvieron descanso. Cuando un exiliado cubano acusado de planear el asesinato de Castro en una cumbre en la ciudad de Panamá de pronto apareció en terreno norteamericano en la primavera de 2005, Fidel acusó al gobierno de Fox de permitir que el presunto asesino pasara por el territorio mexicano con impunidad rumbo a su destino en Estados Unidos. "El hombre ha ido metiendo la pata una tras otra sin remedio", declaró Castro, en referencia al presidente mexicano.

Castañeda defiende el cambio fundamental de la política exterior mexicana hacia el régimen de Castro como el producto de un consenso muy amplio dentro del gobierno en el que prestaba sus servicios. "Tanto Fox como (Santiago) Creel (secretario de Gobernación), Adolfo Aguilar Zinser (asesor de Seguridad Nacional) y yo, sentíamos honestamente que nos habíamos liberado de la complicidad del PRI con la dictadura cubana", dice. "No nos sentimos limitados por ella, básicamente desechamos esa idea, y en realidad eso no tenía tanto que ver con Estados Unidos."

Pero Castañeda desmiente los argumentos de que convirtió a México en un cómplice dispuesto de Washington en asuntos de política exterior durante su ejercicio dentro del gabinete de Fox. Como prueba de que el gobierno de Fox adoptó posturas diferentes de las del gobierno de Bush en una serie de asuntos, Castañeda menciona la decisión de retirar a México del tratado de defensa Asistencia Mutua Inter-Americana, impulsado por Washington, la enérgica campaña de cabildeo que el gobierno de Fox montó en favor de los derechos de los trabajadores ilegales mexicanos dentro de Estados Unidos, y el fructífero litigio en contra del gobierno de Estados Unidos en la Corte Internacional de Justicia en favor de más de 50 ciudadanos mexicanos que estaban acusados de cometer delitos al norte de la frontera que ameritaban pena de muerte. A pesar de esto, Castañeda reconoce la impresión generalizada dentro de México de que el gobierno de Fox, en particular durante sus primeros años, trató de amoldarse al gobierno de Bush. "Se considera que las políticas de Fox hacia Estados Unidos no tuvieron resultados, que se entregó a Estados Unidos y no consiguió nada con ello", observa. "Ninguna de las dos cosas es cierta, pero esa es la percepción que se tiene en México. Sin duda nos dejó plantados el gobierno de Bush y sin duda no nos cumplieron."

En otros frentes, el gobierno de Fox tomó medidas sin precedentes para fortalecer su relación con Washington. El problema del tráfico de drogas que era una fuente recurrente de fricción entre el gobierno de Reagan y el de De la Madrid, en la década de los ochenta, se convirtió en un ejemplo de lo bien que podían trabajar juntos los dos países en un tema de interés mutuo. "El liderazgo de Fox le ganó profunda admiración en los Estados Unidos", escribió más tarde el ex-embajador de Estados Unidos en México, Jeffrey Davidow, en su libro publicado en el año 2004, *El Oso y el Puercoespín*. "Apenas siete meses después de tomar posesión, la *Drug Enforcement Administration* emitió un comunicado exaltando los nuevos estándares de confianza y cooperación bilateral entre las fuerzas del orden de ambos países. A principios de 2003, la Casa Blanca declaró que México y

Estados Unidos habían alcanzado niveles de cooperación sin paralelo en la lucha antinarcótica."

En el gobierno de Fox, México flexibilizó una política de mucho tiempo de rechazar ciertas clases de entrenamiento y asistencia del gobierno de Estados Unidos. En el otoño del año 2003, el gobierno de Fox anunció que le había dado permiso a Washington de enviar su primera delegación de voluntarios del Cuerpo de Paz a México. En un gesto ante la sensibilidad mexicana de que se le perciba como un país subdesarrollado del Tercer Mundo, los voluntarios están esquivando tareas tradicionales del Cuerpo de Paz como el entrenamiento de campesinos o la construcción de clínicas de salud para dedicarse a proyectos de tecnología de la información y desarrollo comercial. "Los mexicanos no querían un montón de hippies cavando letrinas," se mofó un funcionario estadounidense de alto rango. Y después de años de resistir la propuesta del órgano del gobierno estadounidense de ofrecer un seguro de riesgo político a empresas norteamericanas que realizaban operaciones comerciales en México, el gobierno de Fox firmó un acuerdo en el año 2002 con la *Overseas Private Investment Corporation* (Corporación de Inversión Privada en el Extranjero) de Estados Unidos mediante el cual le daba luz verde para que iniciara la emisión de dichas pólizas de seguros.

Una postura que se amolde más a Estados Unidos puede estar más a tono con la evolución de las actitudes de los mexicanos ordinarios que lo que habría imaginado cualquier persona hace 20 años. En años recientes una serie de encuestas de opinión dio a conocer opiniones sorprendentemente benignas de Estados Unidos entre la población en su conjunto. En una encuesta realizada en 1991, se le preguntaba a la gente si respaldarían una unión política entre Estados Unidos y México si dicha unión mejorara su calidad de vida, y 59% respondió que sí. Después de la devaluación del peso en 1994, la empresa *Market and Opinion Research International* (MORI) le preguntó a los encuestados a quién culpaban del más reciente debacle financiero del país. Casi la mitad culpó al gobierno, 18% señaló al líder del levantamiento zapatista en Chiapas, otro 7% mencionó a los inversionistas extranjeros, y apenas un 5% culpó a Estados Unidos. Cuando en una tercera encuesta se le preguntó a la gente a qué país le gustaría más que se pareciera México, Estados Unidos encabezó la lista. "La idea de un nacionalismo y anti-americanismo fervorosos fue explotada por el gobierno mexicano (en el pasado) para fortalecer su postura negociadora", le dijo el encuestador de MORI, Miguel Basañez, al periodista y autor argentino Andrés Oppenheimer. "Es un mito… (y) no está respaldado con los hechos."

Esas realidades cambiantes contribuyeron a animar a Carlos Salinas de Gortari a negociar el TLCAN. El ex-asesor de Jimmy Carter en temas latinoamericanos, Robert Pastor, conoció a Salinas de Gortari en Harvard cuando ambos eran alumnos en la década de los setenta, y Pastor atribuye, en parte, la conversión de Salinas al evangelio del libre comercio a los resultados de una amplia encuesta del gobierno que él encargó durante los primeros meses de su sexenio. La encuesta de opinión reveló actitudes sorprendentemente positivas hacia Estados Unidos entre los encuestados. "Cuando Salinas se sintió atraído por el libre comercio, fue un extraordinario giro de 180° para México, y cambió de opinión por razones muy prácticas y concretas", afirma Pastor, quien es ahora director del Centro para Estudios de Norteamérica en la American University en Washington. "México necesitaba más inversión extranjera, y Salinas empezó a darse cuenta de que la población apenas toleraba la vieja retórica anti-Estados Unidos. Salinas reconoció que México había cambiado en formas que el PRI no se había dado cuenta, y el anti-americanismo simplemente ya no tenía sentido".

EL SÍNDROME DEL SERVILISMO

¿Existe el peligro de que la americanización tal vez esté yendo demasiado lejos? Muchos mexicanos lo piensan así, como lo demuestran los cientos de manifestantes que se volcaron a las ruinas arqueológicas de Teotihuacán en el año 2004 para protestar contra la construcción de una tienda Wal-Mart cerca del lugar. La americanización se ha convertido en una queja recurrente de la izquierda. La portada del número del 11 de enero de 2004 de la revista *Proceso* mostraba una caricatura devastadora de Fox vestido con un sombrero de copa adornado con las estrellas y las franjas de la bandera estadounidense, de pie, junto a las palabras, "El servilismo". En el interior de la revista había fotografías en blanco y negro de agentes norteamericanos del FBI y la *Transportation Security Agency* que habían sido desplegados en el aeropuerto internacional de la ciudad de México para revisar pasaportes y ayudar a sus colegas mexicanos en la vigilancia antiterrorista. "Con el pretexto del combate a las drogas y al terrorismo", declaró *Proceso*, "el gobierno de Vicente Fox abrió las puertas a los organismos de seguridad de Estados Unidos como no lo había hecho ninguno de sus antecesores."

Críticos de Fox y Castañeda hicieron eco de los duros comentarios de su postura hacia las relaciones entre Estados Unidos y México. De la Madrid describió esta actitud respecto de las relaciones con Estados Unidos como "entreguista", y un ex-secretario de Relaciones Exteriores emitió un veredicto similar. "En el periodo de Jorge Castañeda el gobierno mexicano es demasiado obsecuente en su comportamiento hacia los Estados Unidos", dijo el ex-canciller. "No se acerca a Latinoamérica, no se acerca a la Unión Europea, no le interesa Asia. Toda su apuesta es a favor de una relación especial con Bush y los Estados Unidos."

El fallecido Adolfo Aguilar Zinser llegó a una conclusión similar. Académico con inclinación de izquierda, que luego se volvió político, fue uno de los nombramientos de Fox que más sorpresa causó al ser designado como asesor nacional de seguridad del presidente, y luego enviado a Nueva York como embajador de México ante la ONU. Durante el periodo que precedió a la invasión de Irak por parte de Estados Unidos, Aguilar Zinser era un portavoz entusiasta del rechazo de Fox a esa política, una postura del gobierno mexicano que causó mucho malestar en la Casa Blanca. Sin embargo, se distanció del deseo del presidente de reparar los vínculos con Estados Unidos después de la invasión cuando le dijo a un público universitario en la ciudad de México, en noviembre de 2003, que Washington sólo estaba interesado en una "relación cercana de conveniencia y subordinación" con México. Para remachar el clavo, Aguilar Zinser acusó a Estados Unidos de tratar a su vecino del sur como un "patio trasero" más que como un socio. Fue despedido unos días después de hacer sus comentarios. "Hay una sensación cada vez mayor entre las elites políticas mexicanas de que la opción más realista para México es obedecer las órdenes de Estados Unidos y cosechar beneficios de eso", dijo Aguilar Zinser, quien murió en un accidente automovilístico en el año 2005. "Nuestro destino es mostrar a los Estados Unidos no sólo amistad, sino lealtad y subordinación."

HACIA UN NACIONALISMO MÁS MADURO

Los viejos hábitos y formas de pensar hacia Estados Unidos son difíciles de abandonar. Eso no debería sorprender: año con año, en los salones de clase de las escuelas desde Tijuana hasta Tapachula, el amargo legado de la guerra entre Estados Unidos y México es inculcado en sucesivas generaciones de estudiantes. "En los libros de texto escolares, está permanente la enseñanza de la agresión americana, de los Niños Héroes, que son parte del corazón del nacionalismo mexicano", ironizó el historiador Héctor Aguilar Camín. "Es un nacionalismo victimista que se siente en eterno derecho de reclamo a su verdugo, y ese verdugo es los Estados Unidos. Es un rasgo muy profundo y viejo del nacionalismo mexicano, y se sigue cultivando todos los días en las aulas de las escuelas. Entonces, desde el punto del pensamiento políticamente correcto, México tiene que ser un país anti-gringo."

Esa regla perdurable de la política mexicana llamó la atención de un controvertido académico estadounidense. En el número del verano de 1993 de la revista *Foreign Affairs*, el profesor de Harvard, Samuel Huntington, relataba una conversación con un importante asesor de Carlos Salinas de Gortari en 1991, quien evaluaba las políticas económicas neoliberales que el presidente mexicano buscaba con tanto ahínco. "Es de lo más impresionante", le dijo Huntington al asistente de alto rango. "Me parece que básicamente quieren cambiar a México de un país latinoamericano a un país norteamericano." El asesor de Salinas

73

respondió, "¡Exactamente! Eso es precisamente lo que estamos tratando de hacer, pero desde luego que nunca podríamos decir eso en público".

La renuencia a parecer incluso un poco pro-estadounidenses en público puede estar desvaneciéndose. Algunos destacados líderes de opinión ya no se detienen a pedir actitudes más maduras hacia Estados Unidos. En una columna en la que se reprendía a Aguilar Zinser por su comentario del "patio trasero" sobre la opinión norteamericana hacia México, la politóloga Denise Dresser escribió: "Mostró una postura perdurable y profundamente anti-estadounidense típica de las elites nacionalistas de México… ¿México debería actuar como una civilización herida y luchar contra Estados Unidos siempre que pueda, como lo sugirió Aguilar Zinser? ¿O debe de hacer a un lado su orgullo y sus prejuicios al tiempo que busca intereses bilaterales concretos?" La profesora del Instituto Tecnológico Autónomo de México instó a los líderes del país a, en efecto, mostrar una actitud adulta cuando traten con su vecino del norte. "México debe ser menos histriónico y más estratégico en sus relaciones con Estados Unidos", concluyó Dresser.

Sin duda eso pensaba Jorge Castañeda cuando se hizo cargo de la cartera de relaciones exteriores en el gabinete de Fox. Conforme a su criterio, había llegado el momento de que México abandonara su actitud pasiva-agresiva y aprovechara la realidad geopolítica de estar en el peldaño de la superpotencia económica reinante del mundo. "La economía mexicana en la actualidad está más estrechamente vinculada con la economía estadounidense que nunca antes en la historia, y la sociedad mexicana está más vinculada que nunca antes a la sociedad estadounidense", me dijo cuando tomábamos un café un sábado en la mañana en una sucursal de Starbucks, que está cruzando la calle frente a su departamento de Polanco. "Así es. Abandonamos por completo la retórica anti-americana, y tratamos de transformarla en una retórica de cooperación, pero al mismo tiempo buscar verdaderamente una agenda basada en los intereses mexicanos."

Autocomplaciente como puede parecer, el retrato que hizo Castañeda de la política exterior en la era de Fox no es inexacto. México demostró ser cualquier cosa menos un lacayo servil de Estados Unidos en las semanas anteriores a la invasión de Bush a Irak en el invierno de 2003. Enfrentado con una presión implacable de Washington para respaldar los planes de guerra del gobierno de Bush, como miembro del Consejo de Seguridad de las Naciones Unidas, México sencillamente se rehusó a ceder. Los factores de política interna pueden haber influido en el gobierno de Fox: con elecciones a mitad de su gestión para el Congreso programadas para julio de ese año, la postura del presidente sobre Irak tal vez haya tenido menos que ver con una cuestión de principios que con una respuesta pragmática a las encuestas de opinión que mostraban que un número abrumador de mexicanos se oponía a la invasión.

Pero en otros aspectos, el gobierno de Fox mostró una alentadora disposición a ponerse de parte de Estados Unidos en algunos temas, y oponerse resueltamente a otros en los que los intereses de los dos países entraban en conflicto. Cuando el embajador de Estados Unidos, Tony Garza, emitió una serie de boletines de viaje mediante los que advertía a los ciudadanos estadounidenses de la violencia que impera en algunas ciudades de la frontera mexicana, y cerró temporalmente el consulado de Estados Unidos en Nuevo Laredo, Fox se enfureció. Pero cuando el presidente venezolano Hugo Chávez pretendió sepultar la propuesta respaldada por Estados Unidos de reanudar las conversaciones sobre un tratado de Acuerdo de Libre Comercio de Las Américas que comprendiera a todo el hemisferio occidental, sostenidas en una cumbre en Argentina en noviembre de 2004, Fox apoyó al gobierno de Bush.

Esa postura propició una reveladora explosión del autoproclamado líder socialista de Venezuela. "Da tristeza el entreguismo del presidente Fox", espetó Chávez durante una transmisión televisiva en vivo en Venezuela. "Qué triste que un presidente de un pueblo como el mexicano se preste a ser un cachorro del imperio." El duro ataque al presidente mexicano por parte de un líder extranjero congregó a millones de compatriotas en torno a Fox y despertó una declaración de solidaridad inclusive de Roberto Madrazo, candidato del PRI a la presidencia para las elecciones del año 2006.

¿LA AMERICANIZACIÓN ES SÓLO SUPERFICIAL?

Permanecen límites formidables a la americanización de México. Todavía hay miradas que voltean en los elevadores de la ciudad de México cuando extraños hablan inglés. El béisbol tiene fervorosos partidarios entre millones de mexicanos, pero el fútbol sigue siendo el rey indiscutible de los deportes de espectadores. Llovieron las críticas que condenaban a la actriz Salma Hayek por estelarizar una película sobre Frida Kahlo que se filmó en inglés. El antiamericanismo sigue viviendo como una poderosa característica en la política y la sociedad mexicanas que puede salir a la superficie de un modo muy público y desagradable: cuando México y Estados Unidos jugaron un partido de fútbol en Guadalajara para disputar un sitio en los Juegos Olímpicos de 2004, se podía escuchar a los aficionados cantar, "O-sa-ma, O-sa-ma".

En la jerarquía de la sociedad mexicana, la absorción de los valores estadounidenses es más profunda entre las elites empresariales y políticas. Sin embargo, entre la gente común del país, afirma uno de los comentaristas sociales más incisivos de México, las influencias norteamericanas son poco menos que una delgada capa de barniz. "Sin duda asisten a las universidades estadounidenses, al sistema de las prestigiadas universidades del noreste de Estados Unidos o de la Universidad de California o inclusive a la preparatoria de Amarillo, Texas", le dijo Carlos Monsiváis al historiador estadounidense David Thelen durante una larga entrevista que le dio en 1998. "Pero no saben nada de la cultura de Estados Unidos. No leen a Walt Whitman ni a Edgar Allan Poe o a Ralph Waldo Emerson o a F. Scott Fitzgerald. Por ejemplo, (Ernesto) Zedillo fue a Yale, pero no conoce la cultura estadounidense. Ven todas las películas estadounidenses recién estrenadas. Leen la revista *Time* o *Newsweek*. En ocasiones, los políticos de más alto nivel leen el *New York Times* y ven CNN. Eso es la americanización para ellos."

Un importante analista político indica que la americanización no ha logrado aliviar enfermedades tan esencialmente mexicanas como la corrupción y la ineficiencia. "Los tecnócratas en la actualidad apenas pueden emitir una sola frase sin utilizar palabras como software, y algunas tiendas e incluso colonias parecen más de Estados Unidos", dice Luis Rubio del Centro de Investigación para el Desarrollo. "(Pero) la calidad de los servicios (públicos) es mexicana, y el policía de la esquina es tan tonto y carente de preparación como cualquier político mexicano.

No tienes que ahondar mucho para darte cuenta de que no estás en Estados Unidos."

Al mismo tiempo, la corriente de patriotismo tradicionalmente fuerte del país se ha debilitado por la serie de graves crisis económicas que golpearon al país a intervalos regulares desde 1976. "Ese sentido de profundo nacionalismo que caracterizó a todos los mexicanos hace 30 años ha sido desgastado por las crisis y los malos gobiernos", afirma. "Para las generaciones más jóvenes, aquellos valores del hecho de ser mexicano son mucho menos fuertes que los que se enseñaron a mi generación." Un destacado periodista europeo llegó a una conclusión similar cinco años después de que se inició la era del TLC. "Lo que he encontrado en México es una desilusión revolucionaria que apruebo", dijo Jean Daniel, el fundador y director de la revista francesa *Le Nouvel Observateur*, en una entrevista realizada en 1999 con el periódico *Crónica* de la ciudad de México. "Una disminución del nacionalismo, que era caricaturesco, y la desaparición, casi, del sentimiento anti-Estados Unidos."

Algunos intelectuales mexicanos que pasaron su juventud vituperando en contra del imperialismo yankee aceptan que la percepción de Estados Unidos está cambiando. Como editor de la revista mensual de opinión y literatura llamada *Nexos*, Héctor Aguilar Camín labró un nicho intelectual y cultural que lo colocó firmemente en el campo de la izquierda mexicana en la década de los ochenta. Ahora, con cincuenta y tantos años de edad, Aguilar Camín admite que muchos mexicanos tienen una opinión menos emotiva y más matizada de Estados Unidos. "No creo en la invasión del *American way of life* sobre México", sostiene el historiador. "Pero ahora hay una visión muchísimo más equilibrada y más pragmática hacia los Estados Unidos. Hay una

mayor naturalidad y un mayor conocimiento para esa conviven-
cia. La actitud frente a los Estados Unidos ha cambiado mucho
en el sentido de que hay un alto porcentaje de la población que
tiene una simpatía hacia las instituciones de la sociedad norteamericana. Ese nacionalismo resentido y victimista me parece
una cosa de la cual los mexicanos deberían curarse."

Y lentamente, pero con firmeza, ese proceso de autocura-
ción está ahora en proceso. El antiamericanismo reflexivo todavía prevalece en las salas de redacción de todo el país, y cada
pronunciamiento del embajador de Estados Unidos sigue escu-
driñándose en busca de un contenido y significado escondidos.
La continuada presencia de George W. Bush en la Casa Blanca
hasta 2009 seguirá atizando el fuego del sentimiento anti-gringo. Sin embargo, el abismo que separaba a los vecinos distantes
cuando Alan Riding publicó su libro se ha reducido de manera sustancial a lo largo de los 20 años que han transcurrido desde entonces. El lema de una campaña publicitaria patrocinada
por el gobierno de Fox en el mercado del turismo estadounidense captó ese tema en cuatro sencillas palabras: "México, más
cerca que nunca."

Un cuento de dos ciudades

Lo sientes en cuanto sales del magnífico aeropuerto internacional de Monterrey. Primero aparecen los letreros de hoteles con nombres que son tan familiares a la vista del estadounidense que realiza viajes de negocios: Hampton Inn, The Courtyard, Fairfield Inn. Cuando conduces por las calles de Monterrey, los mismos logotipos de restaurantes y tiendas departamentales que se ven en las autopistas estadounidenses puntean el panorama citadino: Bennigan's, Applebee's, Office Depot, Chili's, Tony Roma's Famous for Ribs. Con una buena dosis de ironía y una ración de burla, en algunas ocasiones a Monterrey se le llama la ciudad más al sur del estado de Texas. ¿En qué otra metrópoli mexicana encontraría usted una importante avenida en el corazón del centro con el nombre de George Washington?

No es de extrañar que Monterrey haya sido la primera ciudad mexicana que quiso comprar un club de béisbol de las grandes ligas cuando los Expos de Montreal fueron puestos a la venta. Muchos de sus acaudalados habitantes han asistido a universidades estadounidenses y poseen casas de vacaciones en la isla South Padre a lo largo de la costa del Golfo en el estado de Texas, y estos regiomontanos americanizados han dejado una profunda

81

huella en la ciudad. "Sí hay una suerte del *American way of life* que introduce por una parte la visión, los hábitos y las prácticas cotidianas de esta elite", dice Abraham Nuncio, historiador y periodista de la ciudad de Texcoco que se fue a vivir a Monterrey a mediados de la década de los setenta. "Conocen mejor la historia de Estados Unidos que la de México, se expresan mejor en inglés que en español. De todas las ciudades del país, hasta las ciudades de la frontera, Monterrey es quizás la más americanizada."

A dos horas en automóvil de la frontera de Texas, Monterrey tiene vínculos más extensos con Estados Unidos que cualquier otra ciudad mexicana importante fuera de Ciudad Juárez y Tijuana. Pero no siempre fue así.

Fundada en 1596, Monterrey originalmente fue un fuerte fronterizo olvidado del imperio español a lo largo de los primeros 200 años de existencia. Sin minas de plata, sin buenas carreteras ni puertos cercanos, Monterrey al fin vio cambiar su suerte comercial cuando en 1826 se abrió el puerto de la costa del Golfo en Matamoros. Sin embargo, todavía era un pequeño poblado cuyos residentes rara vez viajaban a la ciudades de México o Guadalajara. "Todavía se podían contar sus calles con los dedos, cuatro o seis de ellas, cuando mucho", escribió el historiador Israel Cavazos Garza. "Las calles que corrían de norte a sur se llamaban callejones porque eran estrechos." Cuando sus 20,000 habitantes se preparaban para festejar el 250 aniversario de la fundación de la ciudad, en el fatídico año de 1846, Monterrey era todavía, de acuerdo con lo que dice Cavazos Garza, "una ciudad muy pequeña… provinciana, muy parecida a lo que había sido durante la época colonial. Monterrey estaba totalmente aislada del resto del país debido a la barrera natural que constituía la Sierra Madre".

El primer encuentro directo de la ciudad con los norteamericanos se forjó al calor de un conflicto militar. En mayo de 1846, el gobierno del presidente James Polk declaró formalmente la guerra a México, y dos meses después, bajo las órdenes del General Zachary Taylor, algunas tropas iniciaron su avance desde Matamoros hacia el sur. El 19 de septiembre, la víspera de la fiesta en la que se celebra a la santa patrona de Monterrey, la Inmaculada Concepción de la Virgen María Purísima, los 6,640 soldados de Taylor acamparon a la sombra de una arboleda a cinco kilómetros de distancia de la ciudad. El consecuente sitio y la batalla de seis días que siguieron dieron testimonio de unos de los más feroces combates vistos en la guerra entre México y Estados Unidos. Terminó con la rendición de la fortaleza de altos muros conocida como La Ciudadela, por parte del General Pedro de Ampudia, el 25 de septiembre.

El ejército mexicano y muchos de los habitantes de la ciudad resistieron a los invasores estadounidenses con gran valentía, y un soldado estadounidense narró en su diario personal el valor de una regiomontana.

"Vi a una mexicana que llevaba agua y comida a los hombres heridos de los dos ejércitos", escribió el soldado. "La vi levantar la cabeza de un pobre hombre, darle agua y luego quitarse el pañuelo de la cabeza y vendarle las heridas… Escuché el tronido de uno o más rifles y ella, pobre criatura bondadosa, cayó al suelo… ¡Estaba muerta! Volteé los ojos al cielo y pensé, 'Oh, Dios, ¡y esto es la guerra!'". La mujer anónima posteriormente fue inmortalizada en los relatos estadounidenses contemporáneos de la batalla como la Doncella de Monterrey, y los compositores de canciones, así como dramaturgos, conmemoraron la batalla de la ciudad en letras y prosas conmovedoras.

DE UN FUERTE FRONTERIZO A LA SULTANA DEL NORTE

De un plumazo, la entrega de más de la mitad del territorio de la joven República Mexicana mediante el Tratado de Guadalupe Hidalgo en 1848, acercó físicamente a Estados Unidos con Monterrey, más de lo que jamás había estado la ciudad de México. Una posterior guerra, en la que también intervino el ejército estadounidense, acarreó a la ciudad su primer auge económico auténtico: cuando 13 estados del sur que promovían la esclavitud se separaron de Estados Unidos en 1860 y 1861, Monterrey se convirtió en un vínculo vital con el mundo exterior para la naciente Confederación de Estados de América. Grupos de comerciantes italianos, alemanes y británicos invadían la ciudad con la esperanza de vender provisiones al Ejército Confederado. Uno de los empresarios europeos más prósperos era un irlandés llamado Patrick Mullins, que llegó antes de que estallara la Guerra Civil de Estados Unidos, y quien cambió su nombre por el de Patricio Milmo, estableció un negocio textil próspero y luego produjo grandes cantidades de uniformes militares para las fuerzas rebeldes. (Muchos años después, una descendiente de Milmo se casó con el fundador, de origen español, del imperio de Televisa.) Un expatriado estadounidense defensor de la esclavitud fundó el primer periódico en idioma inglés, el *Monterrey Era*, durante la Guerra Civil, y los dueños de plantaciones algodoneras en el sur evitaron el bloqueo de la marina federal de las ciudades portuarias de la Confederación enviando sus cosechas

vía Monterrey para que posteriormente fueran transferidas en
cargueros al puerto de Tampico. A partir de ese momento, Monterrey y mucho del México del noreste se convirtieron en una
extensión virtual de la economía estadounidense en expansión.

El inicio de la revolución industrial en México transformó
a Monterrey en una potencia económica. Comenzó en 1882
con la inauguración de una importante vía ferroviaria con dirección a la ciudad fronteriza texana de Laredo que pasaba
exactamente por Monterrey. Eso ayudó a impulsar una explosión de la producción algodonera en todo el estado de Nuevo
León a finales del siglo XIX.

En 1890, el Congreso de Estados Unidos aprobó un exorbitante arancel a las importaciones, que involuntariamente esti-
muló la industrialización de Monterrey. Antes de la imposición
del arancel, la Philadelphia Smelting and Refining Company
había importado grandes cantidades de menas mexicanas para
procesarlas en una fundidora en la ciudad de Pueblo, Colorado.
La aplicación de los impuestos de importación en 1890 llevó a
los dueños de la empresa estadounidense, la acaudalada familia
Guggenheim, a contemplar la posibilidad de realizar una importante inversión al sur de la frontera. "¿Por qué renunciar a
México?", preguntó el patriarca de la familia, Meyer Guggenheim. "Si no podemos traer las menas mexicanas a Pueblo, lle-
vemos una fundidora a México." La proximidad de Monterrey
con la frontera de Estados Unidos y su estratégica ubicación,
además de la red ferroviaria que se iniciaba en México, convenció a la familia Guggenheim de elegir esa ciudad como el sitio
para la instalación de la fundidora Gran Fundición Nacional,
que inició su operación en 1891.

Al terminar el siglo, el capitalismo del estilo estadounidense estaba firmemente arraigado en las áridas y desérticas tierras altas que rodean Monterrey. Se reclutaban técnicos de Estados Unidos para que instalaran y le dieran mantenimiento a la maquinaria de la Cervecería Cuauhtémoc, que se convirtió en una de las principales empresas cerveceras del país unos cuantos años después de su fundación, en 1890. La insaciable demanda de botellas de la cervecería propició la creación de la Vidriera Monterrey, que pronto se transformó en una de las más grandes fábricas de vidrio de México. Encabezados por los principales socios de la cervecería, Manuel Cantú Treviño, Isaac Garza y Francisco Sada, los líderes industriales de Monterrey, organizaron sociedades de capitales para financiar y regular el crecimiento económico sin precedentes de la ciudad. El meteórico ascenso de Monterrey se vio coronado en 1903 con la fundación de la Compañía Fundidora de Fierro y Acero de México, una acerería que a la larga se convirtió en la más grande de América Latina, con una fuerza laboral de 2,000 empleados y la capacidad de procesar 1,000 toneladas de mena de fierro al día. Los líderes empresariales y la prensa local calificaron a Monterrey como la ciudad del "progreso", una palabra contenida en el lema distintivo de don Porfirio Díaz "Orden y Progreso", que se convirtió en sinónimo de industria, desarrollo urbano y modernización.

El auge industrial de Monterrey trajo consigo los primeros indicios de la influencia de Estados Unidos. Desde 1898, un reportero del periódico de la ciudad de México *El Imparcial* observó que las señoritas de la clase alta de la ciudad "hablan inglés con admirable corrección". Para esa época, la ciudad era la anfitriona de la más grande comunidad de expatriados estadounidenses en el país, una realidad que se reflejaba en la fundación de dos periódicos en idioma inglés, el *Monterrey Daily News* y el *Monterrey News*. Algunos de los industriales más acaudalados de la ciudad pronto empezaron a enviar a sus herederos al norte de la frontera para que realizaran sus estudios universitarios. Eugenio Garza Sada fue el primer hijo de Monterrey que se graduó del Massachusetts Institute of Technology, en 1917.

Un siglo después, la americanización de Monterrey es imposible de ignorar. En los meses de verano, un buen número de sus habitantes pasean en *shorts*, una concesión al clima caluroso que pocos chilangos se permitirían sin importar cuánto subiera la temperatura. Nuevo León se convirtió en el primer estado que introdujo los juicios orales al estilo de Estados Unidos a principios de 2005, que exigían que fiscales y abogados defensores presentaran sus argumentos en un tribunal abierto, en vez de hacerlo por escrito. Sacudido por las sucesivas crisis del peso en las décadas de los setenta, ochenta y noventa, gran parte del sector privado de la ciudad ve a la ciudad de México y su inmensa burocracia con la misma mezcla de sospecha y recelo que alberga un petrolero de Houston hacia Washington y sus órganos reguladores federales.

A Tatiana Clouthier Carrillo le asombran las diferencias entre Monterrey y otras partes del país. Hija de Manuel Clouthier, el fallecido líder y candidato presidencial del Partido Acción Nacional (1988), Tatiana se mudó en 1983 de Sinaloa, su estado natal, a Nuevo León para iniciar sus estudios universitarios en el Instituto Tecnológico y de Estudios Superiores de Monterrey (ITESM). Tatiana permaneció en Monterrey después de que se graduó de una licenciatura en inglés, participó activamente en la política local, posteriormente se casó y formó una familia. Legisladora electa para la Cámara de Diputados en el año 2003, Clouthier afirma que la americanización de Monterrey va mucho más allá de la habitual cotización de rentas en dólares y la insistencia de muchas regiomontanas de comprar su ropa en las tiendas de McAllen y San Antonio. "Hay tres cosas que resaltan", sostiene. "El consumo de drogas, las chavas adolescentes o universitarias que buscan con quién se van a acostar, y el culto de nuevas religiones (evangélicos, mormones y protestantes). La gente que viene de otros lugares dice, 'Híjole, aquí está bien americanizado'. Yo creo que es una corriente que ya no la paras."

HIGH-FIVES Y FLIP-FLOPS

La incursión de la americanización es más evidente entre la gente joven de Monterrey. Una tarde, a mitad del verano del año 2004, docenas de aficionados al fútbol bebían cerveza en un bar deportivo al estilo estadounidense, del hotel Sheraton Ambassador, mientras veían un partido en inmensas pantallas de televisión en el que jugaban los principales equipos de la ciudad: Tigres y Monterrey. Cada vez que su equipo favorito anotaba un gol, los jóvenes se daban palmetazos en las manos unos a otros en ese ademán estadounidense conocido como *high-five*. Dos días después visité el campus principal del ITESM, fundado en 1943 con una inversión proveniente de los más importantes dirigentes industriales de la ciudad, con el fin de producir abundantes generaciones futuras de ingenieros, administradores y contadores para el sector privado. El "Tec", como comúnmente se le conoce, principalmente tiene como alumnos a los hijos e hijas de las familias acomodadas de Monterrey. La planta baja de la biblioteca principal del Tec, en la que se prohíbe fumar, estaba llena de estudiantes vestidos con playeras holgadas, *flip-flops* (chanclas) y gorras de béisbol, sentados frente a las pantallas de sus laptops. Ninguno de ellos se habría visto fuera de lugar en el aula de una típica universidad de Estados Unidos.

Uno de esos alumnos es Sofía Elizondo Jasso. Sus padres tienen sus raíces familiares en Nuevo León, las cuales se remontan al siglo XIX, y prevé que pasará casi toda su vida adulta en su país natal. No obstante, Sofía es una mexicana completamente bilingüe, que cursó su séptimo año en una escuela de las afueras de Cleveland, Ohio, y no leía muy a menudo libros en español hasta que estuvo en la preparatoria. "Solía soñar en inglés", recuerda la alumna de relaciones internacionales de 20 años de edad. Al igual que muchos de los hijos que viven en el lujoso suburbio de San Pedro Garza García, Sofía salpica su español hablado con palabras en inglés. "Soy bien *picky* cuando vamos de *shopping*", señala con una sonrisa. Ella ha visto de primera mano cómo los ideales importados de belleza femenina han influido en algunas de sus compañeras. "Hay una fuerte tendencia entre las jóvenes a hacerse más rubias a medida que tienen más edad", bromea la trigueña de piel clara. Tal vez debido a su educación privilegiada, Sofía no tiene un ápice del complejo de inferioridad que tantos mexicanos muestran en cuanto al tema de Estados Unidos. "Me relaciono con Estados Unidos de una manera muy diferente que cualquier indocumentado que trata de cruzar la frontera", explica. "Pienso en ir allá para asistir a la universidad o a alguna fiesta de amigos." Y de hecho, unos meses después de nuestra charla en el Tec, Sofía se mudó a la ciudad de Filadelfia para seguir sus estudios en la Universidad de Pennsylvania.

El proverbial resentimiento que tienen tantos mexicanos hacia Estados Unidos brilla por su ausencia en Monterrey. Natividad González Paras ganó la gubernatura de Nuevo León por el PRI en las elecciones de 2003, y ve la futura prosperidad del estado vinculada de manera intrincada con la de su vecino del norte. "Cada vez hay más coincidencias, sinergias y encuentros armónicos y positivos de reconocimiento de nuestras diferencias y virtudes respectivas", afirma. "Lo que tiene Monterrey, y en general ha ido ampliándose en todo el norte de México, es que hemos hecho nuestros algunos sistemas de organización económica que operan con eficacia en los Estados Unidos. Ciertos paradigmas de éxito en los Estados Unidos son vistos como referentes obligados para nosotros."

"Nati" González quiere transformar a Monterrey en la Ciudad del Conocimiento, una versión mexicana de la ciudad estadounidense de Boston, que a la larga se convertirá en un lugar central de nuevas inversiones e investigación científica. Con ese fin, en fecha reciente reunió a otros tres gobernadores de estados fronterizos mexicanos para la firma de un convenio con su contraparte de Texas, Rick Perry, con el fin de promover el desarrollo económico de sus estados de un modo regional conjunto. Negociar un pacto económico regional con el gobernador de un estado norteamericano fuera de los conductos de la Cancillería en Tlatelolco habría sido impensable para un político mexicano no hace mucho tiempo, y más para uno afiliado oficialmente al PRI. Sin embargo, González Paras, de 57 años de edad, encarna el pragmatismo que muchos mexicanos del norte sienten respecto de Estados Unidos. "México necesita urgentemente transitar hacia la competitividad de las regiones y sectores productivos", explica González. "Si no, nos vamos a quedar fuera de las posibilidades de éxito en el desarrollo."

LA MENTALIDAD DEL REGIOMONTANO

Tal vez debido a las raíces jaliscienses de mi propio padre, crecí considerando a Guadalajara como la principal rival de la ciudad de México. Pero en el México del siglo XXI, Monterrey se ha convertido en la metrópoli más importante fuera del Distrito Federal. Por una parte tiene que ver con la identidad de Monterrey como sede de algunas de las empresas más rentables del país; y por otra parte por la distribución más equitativa del ingreso. Monterrey ostenta la mayor clase media de cualquier ciudad mexicana importante, en donde hasta el 40% de sus habitantes entran dentro de esa categoría social. En contraste, tal vez sólo uno de cada cinco residentes de Guadalajara percibe ingresos de clase media conforme a los estándares mexicanos.

La mentalidad del regiomontano está más en armonía con los desafíos que enfrenta México en un mundo globalizado. El más destacado periodista de la ciudad es Ramón Alberto Garza, hijo de un piloto que conducía un avión fumigador, empezó a trabajar en el galardonado periódico *El Norte* de Monterrey desde adolescente y llegó a ser jefe de redacción del diario de su ciudad natal a la edad de 26 años. Garza se trasladó a la ciudad de México en 1993 para publicar el diario *Reforma* a instancias de los dueños de *El Norte*, la familia Junco, y luego abandonó la empresa en el año 2000, debido a una disputa financiera con los Junco. Pero sigue dividiendo su tiempo entre Monterrey y el

Distrito Federal. Durante una comida que tuvimos un día en el aeropuerto de Monterrey, Garza me explicó las mentalidades (*mindsets*) de las tres principales ciudades del país. "En Guadalajara es muy importante saber de qué familia provienes, señaló con un malicioso destello en los ojos. 'Ah, tú eres de los tal tal tal'. En México es muy importante con quién tienes relaciones, a quiénes conoces. 'Ah, tú eres amigo de fulano. Uy, ¡qué importante!'. Y en Monterrey, es más importante qué propones. El regiomontano está muy consciente de que (y aquí de nuevo, Garza pasó sin ningún esfuerzo a su fluido inglés), *time is money*."

En opinión de Garza, la obsesión típicamente estadounidense de los regiomontanos con el tiempo tiene sus raíces en la historia y la geografía. "La gente de Monterrey posee un estado mental de lucha contra la adversidad, porque Monterrey está ubicado en la zona norte, bastante inhóspita y desconectada físicamente del centro del país", observó. "Históricamente Monterrey está más cerca de Texas y los Estados Unidos que de México, y toda esa actitud propició una generación importante a fines del siglo XIX y principios del siglo XX de hombres de empresa que lucharon en contra de esa adversidad." Le pedí que describiera las actitudes del regiomontano hacia Estados Unidos. "Muy amigables", respondió Garza sin dudarlo. "En Monterrey hay mucha comunión con los Estados Unidos. La presunción vacacional del capitalino es que fuimos a París, fuimos a Roma, fuimos a Madrid. Para el regiomontano es que fuimos a Houston, fuimos a Nueva York, fuimos a Los Ángeles."

La pronunciada afinidad de la ciudad por Estados Unidos va mucho más allá de los destinos vacacionales favoritos de su *jet set*. Algunas de sus compañías más importantes, como Cementos Mexicanos y la fábrica de tortillas Maseca, ahora miran a Estados

Unidos como su mercado principal. Los vínculos en constante expansión del país con su vecino del norte fueron contundentemente reconocidos por el dirigente de la empresa transnacional más próspera de Monterrey. "México no es América Latina, México es Norteamérica, así que ahí se termina la discusión", le dijo el presidente de Cemex, Lorenzo Zambrano, alguna vez a un reportero de *Reforma*. "No tenemos nada que ver con Latinoamérica, punto."

Esa afirmación tajante la contradicen algunas de las adquisiciones hechas por Cemex durante la administración de Zambrano. Entre 1994 y 1999 la corporación compró o realizó inversiones importantes en empresas cementeras de Venezuela, República Dominicana, Colombia, Chile, Costa Rica y Panamá.

Pero esas adquisiciones fueron finalmente opacadas por la compra, en 2,800 millones de dólares, de Southdown Inc., con sede en Houston, en el año 2000, una transacción que representó la adquisición mexicana más grande hasta la fecha de una empresa estadounidense. Esa inversión convirtió a Cemex en la tercera manufacturera más grande de la industria a nivel mundial, y representó una poderosa afirmación del rumbo por el cual Zambrano cree que su empresa —y por extensión, el país en su conjunto— debe encaminarse. Y hay que considerar los antecedentes académicos de los dirigentes de la empresa: Zambrano estudió su maestría en administración de empresas en Stanford, en tanto que Francisco Garza, jefe de las operaciones de Cemex en Norteamérica, estudió esta misma maestría en Cornell, y el vicepresidente ejecutivo de desarrollo, Armando García, recibió su título en la Universidad de Texas. "Monterrey es el laboratorio del Nafta", sostiene el encuestador Desiderio Pérez, utilizando el acrónimo en inglés del Tratado de Libre Comercio de América del Norte (TLCAN). "Ojalá para los Estados Unidos México fuera como Monterrey a nivel nacional."

Por supuesto, no todos los regiomontanos dan la bienvenida a la inexorable americanización de su ciudad o país.

Oscar Muzquiz, conductor de un programa de radio local, ha instado a sus radioescuchas varones a estar a la caza de síntomas de lo que él denomina "gringoificación" paulatina entre sus esposas. En su programa matutino llamado *Educando a su mujer*, Muzquiz advierte sobre las señales reveladoras de dicho comportamiento extraño: una mujer que duerme hasta las nueve de la mañana, sirve comida congelada, ve televisión todo el día y rara vez se rasura las piernas. En un comentario más serio, la autora feminista y académica, Rosaura Barahona publicó una columna para el periódico *El Norte* el día de Navidad de 1993, exactamente una semana antes de la fecha en que estaba programado que el TLCAN entrara en vigor formalmente. "Un respetado sociólogo y querido amigo nos decía el sábado que nos guste o nos disguste, México se convertirá en Estados Unidos", escribió Barahona. "Se podrá tardar 100 o 150 años, pero es un hecho. Aunque a muchos no nos tocará verlo, nos da tristeza… Claro, la influencia del país dominante es tan fuerte que dejamos de escribir influjo (el término castizo) y escribimos influencia, y cantamos 'Happy Birthday' en lugar de 'Las mañanitas' y 'Glory, Glory, Aleluya' en lugar de 'Los pastores de Belén…'". La perspicaz Barahona terminó su columna con una frase en el *Spanglish* que hablan muchos de sus vecinos: "Y en el *mean time, Merry Christmas to all.*"

DIFERENTES CIUDADES, DIFERENTES ONDAS

Los ritmos y costumbres peculiares de Monterrey se vuelven más llamativos cuando se colocan junto al de los correspondientes a la ciudad de México. Las apariencias tienen mucho más peso en la capital que en la Sultana del Norte. En su aclamado libro, publicado en 1996, *México: En la frontera del caos,* el periodista argentino Andrés Oppenheimer narra un encuentro fortuito en la ciudad de México entre un influyente político priísta y Alejandro Junco de la Vega, el presidente del periódico *El Norte,* quien en esa época se estaba preparando para lanzar el periódico *Reforma* en la capital mexicana. Un día en que el político vio llegar en taxi a Alejandro Junco, le dijo: "Mira, Alejandro, la ciudad de México es diferente, no puedes ser el presidente de un periódico y llegar en taxi. Nadie te tomará en serio a menos que tengas guardaespaldas, asistentes y alguien que anuncie por teléfono que estás a punto de llegar."

Esas palabras volvieron a mi mente durante una comida en el restaurante El Mirador de Monterrey, cuando el secretario de Educación Pública del gobierno de Fox, Reyes Tamez Guerra, entró al restaurante prácticamente inadvertido. Tamez Guerra iba vestido con una modesta playera que revelaba por completo su protuberante abdomen, y no se veía por ningún lado al séquito de asistentes y guardaespaldas que suele acompañar a un secretario de estado en la ciudad de México. Mis anfitriones señalaron otra mesa en donde Lorenzo Zambrano estaba sentado tranquilamente disfrutando la comida con su hermana Nina. "Nunca verías algo así en el D.F.", dijo en tono aprobatorio una de las personas que cenaba conmigo.

95

Debido en parte a su condición indisputable de epicentro histórico y político del país, la ciudad de México tiene un sabor inconfundiblemente más nacionalista. El equivalente local de la Torre Eiffel y la Estatua de la Libertad, en la ciudad de México es una marca patriótica: el majestuoso monumento del Ángel de la Independencia, mandado hacer en 1910 por Porfirio Díaz para celebrar los cien años de la independencia del país. Lo más cercano al Ángel en las calles de Monterrey le rinde honores al sector privado de la ciudad, una columna de concreto con el nombre pedestre de la "Luz que Guía al Comercio" que lanza rayos láser al cielo en la noche.

Los chilangos de la clase media alta han conservado, casi de un modo desafiante, la manera pausada de su ciudad de abordar el día de trabajo en medio del ritmo frenético de la era de la globalización. En el Distrito Federal, el prolongado lapso de dos horas para comer sigue siendo una tradición sagrada entre sus empresarios y políticos. En cambio, los regiomontanos suelen almorzar a la misma hora que los gringos, entre las doce y media y las dos de la tarde. El presidente del Tribunal Superior de Justicia de Nuevo León me recibió en su despacho a las ocho de la mañana, una hora en la que las vías rápidas y calles transitadas de Miami ya están repletas de automóviles entre semana, pero que a esa misma hora las calles de la colonia capitalina Hipódromo Condesa, donde hoy vivo con mi mujer, todavía están relativamente tranquilas. "Siento un instinto mexicano más fuerte en el Distrito Federal", sostiene la alumna de relaciones internacionales, Sofía Elizondo. "Tiene mucho que ver con la historia: ves las ruinas de los aztecas y de los tiempos de la colonia. Es el hogar de los mejores equipos de fútbol. No puedes evitar vivir la cultura mexicana todos los días."

Algunos chilangos desprecian Monterrey al considerarla una metrópoli más bien provinciana y materialista en la que se celebra la riqueza, se recompensa la lealtad y se desalienta el desacuerdo. "Es una ciudad empresarial, y la identidad de sus residentes se define por el trabajo", afirma la periodista nacida en la ciudad de México, Rossana Fuentes. "A los intelectuales no se les aprecia mucho, se tiene en estima a la gente que se forja a sí misma, que son emprendedores. El dinero tiene menor importancia en la ciudad de México que en Monterrey."

UNA HISTORIA DE TENSIONES

Las relaciones entre los hombres fuertes de la política y la economía de Monterrey y el gobierno central en la ciudad de México, con frecuencia han sido ásperas. En 1841, un caudillo de Monterrey de nombre Antonio Canales reunió un ejército privado en un infructuoso intento de separarse del país y establecer la República del Río Bravo en el noreste de México. Otro jefe militar regional de nombre Santiago Vidaurri estableció un estado virtual dentro de un Estado en la cima de su poder, a finales de la década de 1850 y principios de 1860, y cuando públicamente rompió con Benito Juárez, en 1865 Vidaurri se unió al gabinete del emperador Maximiliano (que contaba con el respaldo de los franceses). Vidaurri fue fusilado dos años después en la ciudad de México, después de la captura y ejecución del príncipe austriaco.

El orgullo y resentimiento regionales hacia el gobierno central se avivaron en 1914, cuando el gobierno revolucionario que derrocó al dictador Victoriano Huerta expropió brevemente la

Cervecería Cuauhtémoc. El permanente rasgo de independencia de los regiomontanos surgió nuevamente en 1934, cuando algunos de los líderes de la ciudad rechazaron el cambio en la cláusula del artículo 3° de la Constitución de 1917, que decretaba la educación laica en todo el país. A instancias del ex-presidente Plutarco Elías Calles, el término "laico" fue reemplazado por el de "socialista", y la protesta consecuente en Monterrey enfureció al famoso anticlerical de Calles, quien calificó a los líderes de la ciudad como "judíos capitalistas... aliados del clero". La nacionalización que hizo el presidente Lázaro Cárdenas de la industria petrolera en 1938 se celebra en los libros de texto escolares como una afirmación previsora de la soberanía nacional sobre el recurso natural más importante del país. Pero dicha medida histórica alarmó a muchos de los más importantes empresarios de Monterrey, por haber establecido un inquietante precedente de la intervención cada vez mayor del gobierno en la economía del país.

El establecimiento de nuevos organismos de asistencia y seguridad social dirigidos por el Estado, como el Instituto Mexicano del Seguro Social y el Instituto del Fondo Nacional de la Vivienda para los Trabajadores, también les puso los pelos de punta en una ciudad donde las principales empresas, como la Cervecería Cuauhtémoc, por tradición, habían atendido las necesidades de vivienda y educación de sus empleados. Una nueva lucha de poder surgió entre Monterrey y la ciudad de México en 1962, cuando el gobierno federal anunció planes de publicar un texto único para todas las escuelas del país. Dicha acción sorprendió a muchos residentes de Monterrey al considerarlo un nuevo ataque del gobierno federal a la autonomía de los gobiernos estatales y sus secretarías de educación, y 200,000 regiomontanos se lanzaron a las calles de la ciudad para protestar por la nueva medida.

Las relaciones entre las elites de las dos ciudades se tensaron todavía más durante el sexenio del presidente Luis Echeverría. Se responsabilizaba de manera generalizada a su izquierdismo del surgimiento de un movimiento de guerrilla urbana en el interior de la ciudad durante los primeros años de la década de los setenta, y el asesinato en 1973 del presidente de Grupo Monterrey, Eugenio Garza Sada, atizó la hostilidad local hacia el presidente. Cuando rumores infundados desencadenaron la fuga masiva de capitales que sacudió al país durante los últimos meses del sexenio de Echeverría, el presidente trató de echar la culpa a los "fascistas" de Monterrey, y uno de sus subalternos priístas leales en el congreso nacional calificó públicamente a Andrés Marcelo Sada, dirigente del conglomerado de la ciudad, Cydsa, de traidor.

Ramón Alberto Garza explica las diferencias que separan a Monterrey de la capital en términos del diferente origen de sus fuentes de poder. "México se desarrolló como el eje central político del país dominado por una cada vez más creciente burocracia, con una actitud casi cortesana", señala: "Si estabas con ellos, hacías negocio, y si no estabas con ellos enterraban tus negocios. En Monterrey, la actitud no era quién era tu amigo o tu pariente para hacer negocio, sino quiénes eran los que tenían capacidades para forjar las empresas. Por eso, vemos ese abismo de actuar y pensar entre los regiomontanos y los capitalinos."

En muchas sociedades urbanas hay una distancia entre el mito y la realidad, y Monterrey no es la excepción. Cuando la empresa emblemática de la ciudad, Fundidora de Fierro y Acero, se tambaleaba al borde de la bancarrota durante una crisis económica global en 1907, el consejo de dirección de la compañía despidió a su presidente y socio fundador, y lo reemplazó por Adolfo Prieto, un banquero con poca experiencia en la industria acerera, pero que tenía buenas relaciones con el gobierno de Porfirio Díaz en la ciudad de México. Durante la administración de Prieto, empresarios influyentes de la capital pronto adquirieron control del consejo, y la corporación consiguió lucrativos contratos para abastecer 20,000 toneladas de rieles de acero a la recientemente constituida empresa paraestatal, Ferrocarriles Nacionales de México. En el lapso de cuatro años, a partir de la llegada de Prieto, la fabricación de rieles de acero representó más de la mitad de la producción total de la Fundidora. "Ninguna otra empresa nacional en México tenía vínculos más cercanos con el Estado porfiriano como Fundidora de Monterrey", escribió Juan Mora-Torres en su libro publicado en 2002, *The Making of the Mexican Border: The State, Capitalism and Society in Nuevo León, 1848-1910.* "El resultado final fue una empresa no competitiva cuya existencia dependía por completo de sus cercanos vínculos con el Estado." La Fundidora cerró sus puertas en 1986 cuando el gobierno central ya no pudo darse el lujo de seguir subsidiando sus operaciones, que más bien generaban pérdida de dinero.

La Fundidora no fue la única empresa de Monterrey que se benefició de un rescate orquestado desde la ciudad de México. Cuando el novato gobierno del presidente Miguel de la Madrid estableció un fondo en diciembre de 1982 para ayudar a empresas mexicanas a pagar sus deudas de largo plazo con denominación en moneda extranjera, dos de las más beneficiadas fueron Grupo Vitro y Grupo Alfa, con sede en Monterrey. Pero la auto-imagen del regiomontano como empresario hábil e industrioso que triunfa a pesar de los obstáculos que le pongan enfrente los burócratas de la ciudad de México, persiste. Y es alimentada, no en pequeña medida, por la continua identificación de las elites de Monterrey con sus vecinos del norte. "Los modelos de gestión de la empresa son norteamericanos", señala el historiador Abraham Nuncio. "Se debe a la cercanía de los Estados Unidos y la presencia de una elite formada en las escuelas e instituciones de enseñanza superior de los Estados Unidos."

EL TLCAN: UNA ESPADA DE DOBLE FILO

Cuando Malcolm Lowry se fue a vivir a Cuernavaca en 1938 para trabajar en el manuscrito del cuento que más tarde se convertiría en la novela clásica *Under the Volcano*, el hotel Casino de la Selva era el lugar favorito de los extranjeros que vivían en la ciudad. Aparece en las primeras páginas del libro, y Lowry es pródigo en su descripción de las condiciones de deterioro en las que ya se encontraba el hotel. "Aunque palaciego, lo invade cierta atmósfera de desolado esplendor", escribió el novelista inglés. "Porque ya no es un casino. Ni siquiera se pueden apostar a una partida de dados las bebidas que se consumen en el bar. Lo rondan fantasmas de jugadores arruinados. Nadie parece nadar jamás en su espléndida piscina olímpica. Vacíos y funestos están los trampolines. Los frontones, desiertos, invadidos de hierba. Sólo dos campos de tenis se mantienen en buen estado durante la temporada."

Construido en 1932 por un grupo de empresarios mexicanos apoyados por el entonces presidente Abelardo Rodríguez, el hotel había pasado a manos de un inmigrante español de nombre Manuel Suárez para cuando Lowry llegó a Cuernavaca. Millonario por esfuerzo propio, Suárez era un mecenas que contrató a muralistas mexicanos y españoles como José Reyes Meza y Josep

Renau para que decoraran los muros con pinturas coloridas que ilustraran la historia de México desde los tiempos prehispánicos hasta la era moderna. Con el tiempo, el Casino de la Selva se convirtió en el centro cultural de Cuernavaca, donde se congregaban artistas, escritores y activistas políticos que iban de visita. Carlos Monsiváis en una época tuvo un bungalow en este lugar de 10 hectáreas y exuberante follaje que había sido traído de la Selva de Amanalco y que le dio al hotel su nombre distintivo. Suárez murió en 1987, y sus herederos, fuertemente endeudados, vendieron posteriormente, en 1994, el Casino de la Selva a una cadena de hoteles que tenía su sede en Guadalajara. Los nuevos propietarios del hotel no cumplieron con el pago de 63.7 millones en impuestos retrasados que debían al gobierno mexicano en los dos años a partir de que lo adquirieron, y la propiedad fue embargada por la Secretaría de Hacienda y Crédito Público. Y ese fue el principio del histórico fin del Casino de la Selva.

En 2001, una dependencia del gobierno a cargo de liquidar bienes confiscados puso el hotel en remate, y una atractiva oferta por la cantidad de 10.4 millones de dólares fue presentada por la empresa estadounidense de tiendas de descuento Costco y la cadena minorista mexicana Comercial Mexicana. Ya para ese entonces, las instalaciones del viejo hotel se encontraban en peores condiciones que las descritas por Malcolm Lowry: excremento de murciélago cubría los muros interiores de algunos edificios, partes de los viejos frescos estaban derruidas por años de descuido, y el piso del salón mural que albergaba unas de las obras más finas estaba sucio de basura y excremento humano.

Las dos empresas anunciaron planes de construir un par de megatiendas en la propiedad, y en el lapso de unas semanas llegaron las máquinas bulldozers (tractores niveladores), que sacaron de cuajo cientos de árboles y demolieron muchos de los viejos edificios erigidos por el difunto Manuel Suárez. El destino incierto de los murales indignó a los ambientalistas y activistas locales, quienes formaron una organización para detener la destrucción masiva del complejo. En resumen, pronto el futuro del viejo hotel se convirtió en una causa célebre en México: dio origen a encabezados en los medios noticiosos nacionales y llamó la atención de corresponsales extranjeros en México. Se presentaron demandas, se inició un boicot de la cadena de tiendas Costco ya existentes en México y una serie de manifestaciones públicas se llevaron a cabo afuera de la entrada de la propiedad.

La campaña de protesta alcanzó su punto culminante en agosto de 2002 con un prolongado plantón de manifestantes que querían entrar a los terrenos del hotel para contar el número de árboles que todavía estaban en pie. La noche del 21 de agosto, cientos de policías estatales y municipales llegaron al sitio y arrestaron a 33 personas por supuestos delitos, que iban desde el sabotaje y asalto a mano armada hasta vandalismo y resistencia al arresto. La táctica demasiado agresiva utilizada por la policía en este incidente provocó una marcha de protesta seis días después que llevó a 15,000 personas a las calles del centro de Cuernavaca. Pero la lucha por salvar el Casino de la demoledora al final no dio resultado. Un año después de que el plantón fue disuelto, dos inmensos bloques de concreto con aire acondicionado que albergaban la más reciente sucursal de Costco y un supermercado Mega abrieron sus puertas al público consumidor.

En donde alguna vez hubo árboles frondosos, senderos sombreados y apacibles cabañas, un vasto mar de asfalto había sido seccionado en lugares de estacionamiento para clientes en busca de precios de ofertas de bebidas gaseosas, neumáticos, artículos deportivos y cereal para el desayuno, entre otros muchos productos. Hoy en día, los clientes que quieren comer un refrigerio rápido pueden elegir entre un quiosco de comidas ligeras y refrescos en el exterior de la tienda Costco, que tiene mesas adornadas con sombrillas de Coca-Cola, o una cafetería de aspecto desagradable supuestamente construida según el modelo de uno de los antiguos edificios del Casino al que apropiadamente le pusieron el nombre de "California". La única concesión a la cultura mexicana es un pequeño museo que alberga una de las colecciones privadas más importantes de arte contemporáneo del país, que se ubica en las orillas del local. Lo único que le faltaba a este triste escenario del México moderno era una versión Muzak del éxito musical de la cantante canadiense Joni Mitchell, "Big Yellow Taxi," transmitida desde el sistema de amplificación sonora de la tienda Costco. En mi mente escuchaba una y otra vez la letra que identifica a la canción, *"They paved paradise/and put up a parking lot"* (Pavimentaron el paraíso/y construyeron un estacionamiento).

La transformación del viejo complejo hotelero en un templo más del consumismo al estilo estadounidense enfurece a Flor Guerrero Goff. Artista autodidacta que ha dedicado gran parte de su vida adulta a causas políticas que van desde asuntos ambientales hasta el movimiento guerrillero zapatista en Chiapas. Guerrero creció en un hogar donde abundaba la cultura. Su padre, Jesús Guerrero Galván, fue un exitoso pintor del estado de Michoacán, quien se casó con la hija de un inmigrante español, y la tía de Flor era Elena Garro, la primera esposa de Octavio Paz y respetada autora por derecho propio.

Flor Guerrero es una mujer de una sencilla elegancia, cuya esbelta figura contradice sus 52 años de edad, y su política es sin duda izquierdista. Aun así, difícilmente podría describírsele como anti-estadounidense: su esposo, Charlie Goff, con el que lleva 24 años casada, es un ciudadano de Estados Unidos a quien conoció cuando ambos eran adolescentes, y administra una de las escuelas de inglés más antiguas de Cuernavaca. Flor Guerrero y Charlie Goff eran unos de los 33 manifestantes que fueron encarcelados en agosto del año 2002, y la fianza de Charlie se fijó en la exorbitante cantidad de 10,000 dólares como parte de un torpe esfuerzo de las autoridades locales de estigmatizar la campaña anti-Costco como una conspiración urdida por extranjeros para negar a Cuernavaca una fuente, muy necesaria, de nuevos empleos.

Flor Guerrero percibe el fracaso de la campaña para proteger al Casino de la Selva como parábola del abrazo que le da el México moderno al evangelio del libre comercio de Estados Unidos. "En el fondo, nuestra lucha por la defensa del Casino de la Selva fue una lucha en contra del neoliberalismo", explica ella en la sala de su casa de Cuernavaca. "Aquí, en nuestro país, vemos al neoliberalismo como una penetración económica, cultural y política en todos los niveles. Ahora en América Latina no son ejércitos los que nos están conquistando, son megatiendas, son empresas transnacionales. El Casino de la Selva es un caso dramático que debe ser un ejemplo a nivel mundial donde todo se concentra. Fue un atentado, una destrucción en contra de nuestra cultura, nuestro arte, nuestro medio ambiente."

Los habitantes de la ciudad de Oaxaca sintieron lo mismo cuando McDonald's anunció sus planes de abrir una sucursal bajo las galerías de piedra del zócalo del siglo XVI de la ciudad. La posibilidad de ver los arcos dorados cubriendo por completo la parte frontal de una tienda en el corazón de la ciudad movilizó a muchos residentes de Oaxaca. Encabezados por Francisco

Toledo, el pintor vivo más famoso de México, los que protestaban reunieron miles de firmas de habitantes en apoyo de una instancia anti-McDonald's y cubrieron el sitio propuesto para el nuevo restaurante de hamburguesas con pancartas que decían, "No McZócalo" y "No queremos McDollars".

También se les ocurrió una nueva táctica para detener la temida invasión de Big Macs y Quarter-Pounders. Los activistas de la comunidad repartieron raciones gratuitas de atole y tamales tradicionales rellenos de camarón y pepita a quienes pasaban por la plaza principal de la ciudad. La genial maniobra despertó la simpatía general entre muchos residentes de la ciudad, y también hizo resaltar la rica herencia culinaria de un estado que ha aportado siete diferentes variedades de mole y 24 clases de chiles a la cocina nacional de México.

Toledo y los compañeros que protestaban con él, en efecto ganaron ese asalto de la pelea contra la globalización con sabor americano en México. Pero la derrota de McDonald's en Oaxaca es la excepción que confirma la regla. Un esfuerzo similar de impedir que Wal-Mart abriera una nueva tienda de su subsidiaria mexicana, Bodega Aurrerá, cerca de las famosas pirámides de Teotihuacán, fue abandonado después de meses de protestas en las calles, recursos legales y huelgas de hambre. Para ser justos, el caso en contra de Wal-Mart no era ni remotamente tan apremiante como los argumentos aducidos en contra de Costco y McDonald's. La ubicación de la nueva tienda está a un par de kilómetros de la antigua ciudad construida por una civilización indígena, y de la cúspide de la Pirámide del Sol es casi imposible identificar la Bodega Aurrerá entre la multitud de edificios comerciales en el pueblo cercano de San Juan Teotihuacán.

EL SURGIMIENTO DE LAS MEGATIENDAS

Las grandes empresas estadounidenses no tuvieron una participación muy destacada en la mayor parte de las principales privatizaciones de las empresas públicas y bancos durante el sexenio de Carlos Salinas de Gortari. Sin embargo, inclusive antes de que los gobiernos de Canadá, Estados Unidos y México firmaran el TLCAN, Wal-Mart había identificado a México como su primer mercado extranjero. El gigante minorista con sede en Arkansas formó una sociedad en 1991 con Cifra, la compañía matriz de la cadena Bodega Aurrerá, y desde ese entonces su crecimiento ha sido espectacular.

Actualmente, Wal-Mart se ubica como la empleadora más grande del sector privado de México, con más de 100,000 trabajadores en la nómina. Tiene más de 700 establecimientos minoristas en 107 ciudades del país, incluyendo (165) 207 tiendas de descuento Aurrerá, (89) 105 tiendas Wal-Mart Supercenter, 70 clubes de precios mayoreos Sam's (50) 54 tiendas departamentales Suburbia (48) 55 supermercados Superama y (285) 299 restaurantes Vips. En el año 2003, el imperio de Wal-Mart acumuló ventas anuales de casi 11 mil millones de dólares, una cifra que excedía los ingresos de toda la industria turística de México. Las ventas de alimentos por sí solas ascendieron a 6 mil millones de dólares. Sus flujos de ingresos equivalen aproximadamente al 1% del producto interno bruto anual de México y constituyen casi el 30% de todas las ventas de alimentos en supermercados del país. Sólo en el año 2005 la empresa abrió 95 nuevas tiendas y restaurantes, y Wal-Mart ha adquirido una base de clientes leales: en un solo año, los clientes acudieron a sus cajas registradoras 565 millones de veces.

Es en Gran Bretaña en donde Wal-Mart emplea a más gente fuera de Estados Unidos, aunque la cantidad de locales británicos es menos de la mitad de las tiendas y restaurantes que operan en México. La mano de obra tan barata de México le permite a la empresa pagar a sus empleados mexicanos una fracción de los sueldos que devengan sus empleados estadounidenses. Una cajera mexicana recién contratada gana alrededor de 1.50 dólares la hora, en tanto que el empleado promedio de Wal-Mart en Estados Unidos gana cerca de 9.00 dólares la hora. Por lo tanto, no es de extrañar que los críticos mexicanos como Flor Guerrero rechazen la afirmación de las grandes empresas minoristas estadounidenses de que le están haciendo al país un gran favor. "Realmente ¿a quién benefician estas megatiendas?", pregunta. "Quizás lo único bueno de que estas empresas aporten a México son las fuentes de trabajo. Pero ¿qué fuentes de trabajo? Son salarios terriblemente bajos, sólo que el desempleo obliga a la gente a tomar esos empleos."

Pero su crítica no la comparten todos los mexicanos. Cientos de residentes del pueblo de San Juan Teotihuacán hicieron fila afuera de la nueva Bodega Aurrerá cuando abrió sus puertas en el otoño de 2004, y el taxista que me llevó a la residencia de Flor Guerrero en Cuernavaca desdeñó a los que protestaron y trataron de impedir la instalación de Costco y Comercial Mexicana. "Dijeron que todos estábamos en contra de estas tiendas, pero las tiendas pueden traer más beneficios que perjuicios", insistió el chofer Daniel Nieto Silva. "Se crearon nuevos empleos e inversiones, y hay una mayor variedad de productos en estas tiendas de entre los cuales elegir. Además, el hotel Casino de la Selva nunca le perteneció a la gente."

110

Guerrero reconoce estas opiniones contradictorias con un aire de resignación. "La gran mayoría de la población está feliz con estas megatiendas", admite. "Son una aplanadora gigantesca, y por eso no vamos a poder pararla. Hay un tramo de unas cinco cuadras en Cuernavaca donde pareces estar en los Estados Unidos. Está McDonald's, Burger King, Blockbuster, y eso es lo que le gusta a la gente. En la humanidad hay un vacío enorme, un vacío hasta espiritual, y una forma de llenar ese hueco es yendo a las megatiendas a comprar."

EL LEGADO MIXTO DEL TLCAN

Los Wal-Mart, Blockbusters y cadenas de comida rápida estadounidenses son los indicios más visibles de la americanización inexorable de la economía mexicana. Ni siquiera en el apogeo del porfiriato, México fue económicamente tan dependiente del Gran Coloso del norte. Porfirio Díaz, quien terminó condenado por ser "madre de los extranjeros, madrastra de los mexicanos", comprendió los peligros de la colonización económica. En una carta que escribió en 1889 al gobernador de Sonora, Díaz advirtió "yo le estimaría a Ud. que prefiriera el capital europeo para interpolarlo con el norteamericano, que ya hay mucho en el país". Más tarde el dictador insistió en otorgar algunas concesiones clave de ferrocarriles y perforación de pozos petroleros a empresas británicas para hacer contrapeso a la presencia, que se expandía con rapidez, de importantes empresas estadounidenses en el México que gobernó por más de 30 años.

En la época del TLCAN no se siente dicha necesidad de diversificar a los socios comerciales y de inversión del país. El tratado

TAN LEJOS DE DIOS

de libre comercio que entró en vigor el 1° de enero de 1994, preparó el camino para una explosión de inversión y comercio estadounidense con México. Durante los ocho años siguientes, el monto total del capital estadounidense invertido en el país se elevó 58%, y las exportaciones de Estados Unidos a México se cuadruplicaron durante la década de los noventa de 28 mil millones a 111 mil millones de dólares. Antes de que entrara en vigor el TLCAN, las exportaciones de México a Estados Unidos representaban sólo cerca de 10% del producto interno bruto anual. En la actualidad, esa cifra se acerca a 32%.

Si además se añaden las cantidades de bienes y servicios que México importa de su vecino del norte, el comercio bilateral con Estados Unidos constituye aproximadamente dos tercios del PIB anual de México. Las repercusiones para la independencia económica de México y su libertad de maniobra son tremendas. "En realidad, para México el TLCAN fue, mucho más que un tratado de comercio, el inicio de un cambio de fondo de su relación histórica con el gran vecino del norte", escribió el historiador Lorenzo Meyer en su libro publicado en el año 2003, *Una historia contemporánea de México: transformaciones y permanencias.* "El interés nacional mexicano dejó de ser definido en función del grado de independencia relativa frente a Estados Unidos para hacerlo en función de su cercanía e integración con ese país."

Sin embargo, los beneficios positivos del TLCAN para la futura prosperidad de México nunca estuvieron a la altura de lo que predecían sus defensores. Al tener mayores vínculos comerciales con Estados Unidos, supuestamente aumentarían los salarios y el empleo dentro de México y se reducirían los factores que impulsan a sus ciudadanos a cruzar la frontera en busca de trabajo. Eso evidentemente no ocurrió. Al contrario, cuando entró en vigor el tratado, había aproximadamente un millón de mexicanos indocumentados en los Estados Unidos; hoy en día, esa cifra ha subido a seis millones.

Las hordas de mexicanos que entran en Estados Unidos como inmigrantes ilegales son más grandes que nunca, en parte porque los sueldos reales en realidad son más bajos hoy que en 1994. Sin duda, el TLCAN no fue el único ni quizá el principal responsable. La devastadora crisis del peso a mediados de la década de los noventa redujo radicalmente los salarios reales en 20%, y apenas ahora los sueldos están empezando a acercarse a los niveles prevalecientes en 1994, cuando el tratado entró en vigor. Se calcula que se crearon alrededor de 700,000 nuevos empleos dentro de la industria de las maquiladoras durante los primeros siete años de la entrada en vigor del TLCAN, pero México vio debilitarse seriamente la ventaja competitiva que ofrecía su mano de obra barata por el surgimiento de China como una potencia exportadora global. Para el año 2003, 300,000 de estos empleos habían sido eliminados a medida que gran número de empresas norteamericanas cerraban sus operaciones en México y se reubicaban en China y otros países asiáticos con niveles de sueldo todavía más bajos. En el mismo año, China reemplazó a México como el segundo abastecedor más grande de productos importados a Estados Unidos.

La distribución inequitativa de los frutos del TLCAN ha exacerbado las disparidades existentes en el interior de México. Aproximadamente el 90% de la nueva inversión extranjera, a partir de 1994, tuvo como destino apenas cuatro de los 32 estados de México, y tres de ellos eran estados ubicados a lo largo de la frontera de Estados Unidos. En los últimos años, esos estados fronterizos crecieron 10 veces más rápido que los empobrecidos estados del sur de México. "El TLCAN ha ocasionado que sea mayor la distancia que separa a los ricos de los pobres, entre el norte y el sur, y entre los sectores exportadores de la economía y los sectores manufactureros que atienden el mercado interno", sostiene Carlos Heredia Zubieta, economista y ex-congresista del Partido de la Revolución Democrática. "La ilusión de que las exportaciones han crecido de manera exponencial oculta el hecho de que más de dos tercios de ellas provienen de empresas estadounidenses establecidas en México. Muchas empresas mexicanas han sido en gran medida desplazadas, y no se han cuidado los intereses nacionales. México ha dejado de ser una economía cerrada, protegida, para ser una que depende intensamente de la inversión extranjera y el libre comercio como motores del crecimiento."

Con todo lo anterior, inclusive algunos de los más severos críticos del TLCAN no tratan de argüir que México habría estado mejor sin el tratado. La competencia más fuerte de las exportaciones y empresas estadounidenses obligaron a los trabajadores mexicanos a volverse más productivos, y un estudio realizado por el Banco Mundial en el año 2003 llegó a la conclusión de que la diferencia de ingresos entre México y Estados Unidos habría sido todavía más grande si no se hubiera firmado el tratado de libre comercio.

Un informe más crítico realizado por el *Carnegie Endowment for International Peace*, con sede en Washington, emitió un veredicto similar sobre los efectos positivos del TLCAN en la productividad de los trabajadores mexicanos. No obstante, en el informe también se observa que el impacto del aumento de las exportaciones de alimentos estadounidenses a México había devastado el sector rural de la economía nacional. "El sector agrícola, en el que todavía trabajan casi una quinta parte de los mexicanos, ha perdido 1.3 millones de empleos desde 1994", afirmó el informe titulado *NAFTA's Promise and Reality: Lessons from Mexico for the Hemisphere* (Promesa y realidad del TLCAN: Lecciones de México para el hemisferio). "Las exportaciones estadounidenses de cultivos subsidiados, como el maíz, han reducido los precios de los productos agrícolas en México. Los pobres de las zonas rurales han llevado el peso del ajuste al TLCAN y se han visto obligados a adaptarse sin el apoyo del gobierno."

La perspectiva desde Nopalucan de la Granja

Los campesinos dedicados al cultivo del maíz en Nopalucan de la Granja se consideran a sí mismos como una especie en peligro de extinción en la era del TLCAN. Ubicado a 45 kilómetros al noreste de la ciudad de Puebla, este pueblo de 17,000 habitantes se asienta en el corazón de un fértil valle agrícola, en donde los campesinos han venido cultivando maíz, frijoles y cebada durante cientos de años. El acontecimiento que da fama a este lugar se basa en una casualidad histórica. En 1851, un inmigrante español de nombre Juan de la Granja transmitió el primer telegrama del país desde el hasta ahora lóbrego pueblo agrícola hasta la ciudad de México, un acontecimiento que más tarde inspiró a sus habitantes para proclamar Nopalucan como la cuna nacional del telégrafo y cambiarle el nombre a su comunidad en honor del español.

Siglo y medio después, los residentes de Nopalucan temen que su pueblo algún día pueda hacer historia de otra manera. Al igual que miles de comunidades rurales esparcidas por todo México, Nopalucan ha visto amenazado su recurso económico vital por los cambios propiciados por el TLCAN, y una vez que se supriman en el año 2008 todos los aranceles y demás restricciones al maíz y a otros cultivos importados de Estados Unidos, una forma de vida establecida desde hace mucho tiempo podría desaparecer del campo mexicano en cuestión de años.

El cultivo del maíz en lo que ahora es México se remonta a (cinco) seis milenios, y se cosecha en 60% de los terrenos aptos para cultivo del país. Antes de la firma del TLCAN, en 1994, los tres millones de campesinos dedicados al cultivo del maíz estaban protegidos por una vieja política del gobierno de pagar un precio garantizado por sus cosechas anuales. Mediante la Compañía Nacional de Subsistencias Populares (Conasupo), administrada por el Estado, estos campesinos se beneficiaban con un elaborado programa de subsidios gubernamentales y redes de distribución que proporcionaban una seguridad en caso de desastres naturales o de que los precios del mercado se derrumbaran. No obstante, evidentemente el sistema no fue capaz de satisfacer la creciente demanda de maíz en un país que ha estado importando este producto básico de alimentación desde la década de los setenta.

El programa de Conasupo fue eliminándose por etapas conforme a los términos del TLCAN, y en el caso de Nopalucan, sus campesinos han visto aumentar de manera constante el costo de fertilizantes, combustible e insecticidas durante los 11 años posteriores, en tanto los precios de sus cosechas siguen fijos. Según admiten ellos, no tienen esperanzas de competir con el maíz más barato de Iowa y otros estados agrícolas de Estados Unidos. Las grandes empresas multinacionales dedicadas al negocio agrícola como Cargill y las propias Minsa y Maseca de México prefieren comprar una tonelada de maíz estadounidense importado, a unos 1,000 pesos, en vez de pagar la tarifa actual de 1,400 pesos por una tonelada de maíz mexicano. No es de sorprender que la importación del alimento básico para México se haya disparado en fechas recientes. Durante los tres años anteriores a la firma del tratado comercial, México estaba importando anualmente alrededor de un millón de toneladas de maíz. Para 2001, esa cifra había sobrepasado los seis millones de toneladas.

Los efectos adversos de la competencia del norte de la frontera no tardaron en llegar a Nopalucan. Desprovistos de su precio mínimo de garantía, en los últimos años muchos campesinos del pueblo se han visto obligados a buscar empleo de medio tiempo como albañiles en la ciudad de Puebla durante los inactivos meses del verano para completar sus ingresos cada vez más bajos. Se calcula que alrededor de una de cada diez personas en Nopalucan se ha mudado a las ciudades de Puebla y México o ha emigrado a Estados Unidos.

Algunos de los campesinos más prósperos de Nopalucan han construido cuatro plantas de harina de maíz para aumentar el valor de mercado de sus cosechas. Bertin Torres García es el presidente de una asociación de 33 campesinos, quienes reunieron sus recursos para abrir una planta procesadora en el año 2003, a un costo de 2.5 millones de pesos. La planta produce 4,000 kilos de harina de maíz cada día, y una parte de la producción se reserva para una tortillería que Torres y sus colegas establecieron en el interior del pueblo para generar una fuente complementaria de ingresos. Pero la perspectiva a largo plazo sigue siendo desconsoladora. Los tres hijos mayores de Torres abandonaron Nopalucan y ahora viven en la ciudad de Puebla, y el campesino de 50 años no tiene ni idea de quién se hará cargo de sus 10.5 hectáreas de cultivo cuando le llegue el momento de retirarse. "Ahorita pensamos que todavía tenemos la fuerza para seguir cultivando la tierra", sostiene Torres. "Pero está triste el panorama."

117

Los campesinos de Nopalucan creen que el gobierno mexicano está tratando deliberadamente de llevarlos a la extinción. Dentro del programa estatal Procampo, estos campesinos reciben un subsidio de cerca de 1,000 pesos por hectárea, y ese esquema de apoyo rural está programado para concluir a finales del año 2008. El mismo gobierno de Estados Unidos, que aboga por las virtudes del libre comercio en las cumbres internacionales, sigue proporcionando a sus agricultores inmensas sumas de ayuda financiera tan elevadas que hacen ver minúsculo el subsidio de Procampo. Esta doble desventaja es el colmo. "El gobierno federal debe concientizarse para estimular a los pequeños productores para que puedan competir con el país vecino", se queja Sergio Contreras Castillo, con 60 años de edad y cinco hijos, que pertenece a la asociación encabezada por Bertin Torres. "Al abrirse la frontera, no sabemos cómo vamos a subsistir, y por eso pugnamos para que se renegocie el tratado de libre comercio."

Cuando visité Nopalucan en el otoño de 2005, el candidato presidencial Andrés Manuel López Obrador, del Partido de la Revolución Democrática, había prometido hacía mucho tiempo revisar las cláusulas del TLCAN que amenacen con desaparecer a millones de campesinos de México en los próximos años. Sin embargo, Contreras y otros compañeros se mostraban escépticos de que algún día se cumplieran esas promesas. "Ahora son promesas de campaña que no sabemos si se van a acordar de que las han hecho", dijo Contreras. "De todos los presidentes de la República, ninguno ha puesto interés para que el país sea autosuficiente en granos de primera necesidad. Desgraciadamente es así."

TENER TU PROPIO PASTEL Y PODER COMÉRTELO

En términos generales, la época del TLCAN ha sido difícil para los ciudadanos de menores recursos, ya sea un campesino dedicado al cultivo del maíz en Puebla o un obrero sindicalizado de la industria automotriz en Michigan. Pero el tratado comercial ha representado una gran ventaja para los grandes negocios de ambos países. La constante eliminación de las barreras comerciales de conformidad con el tratado ha abierto la economía más grande del mundo a las corporaciones mexicanas altamente competitivas como Cemex y la fabricante de harina de maíz Maseca, a las que hace mucho tiempo que sus mercados internos les quedaban chicos. Estas empresas piensan en términos regionales y globales y se han vuelto expertas en generar capital en Wall Street. Cada primavera pueden ir a elegir a los más brillantes jóvenes mexicanos egresados de las escuelas estadounidenses de administración de empresas para que formen parte de su personal administrativo y ejecutivo.

Pero el tratado no ha hecho casi nada para abrir unas de las industrias más oligopólicas del país a una mayor competencia. Después de 11 años de que entró en vigor el TLCAN, las principales cerveceras del país todavía dominan el mercado mexicano: es prácticamente imposible consumir una botella de Budweiser o Rolling Rock en su restaurante favorito de la ciudad de México o Guadalajara. Cemex controla entre 45 y 50% del mercado interno de cemento. Telmex, el gigante de las telecomunicaciones, que anteriormente pertenecía al Estado y que fue vendido en 1990 a un consorcio dirigido por el magnate capitalino Carlos Slim Helú, es dueño de cerca del 95% de las líneas de teléfono fijas del país, y no tiene competidores importantes en la industria telefónica.

Debido a que una sola compañía domina una industria clave como las telecomunicaciones, los precios más bajos de bienes y servicios que se supone que la privatización de empresas paraestatales debe ofrecer, en algunos casos todavía no han llegado al consumidor mexicano. Un informe reciente emitido por la Organización para la Cooperación y el Desarrollo Económicos, formada por 30 naciones, indicó que los clientes empresariales mexicanos pagan las tarifas telefónicas más altas de larga distancia entre sus países miembros.

No es de sorprender que Carlos Slim haya sobresalido como el hombre más rico de América Latina durante varios años, y abrió nuevos horizontes en el año 2005 cuando se convirtió en el primer multimillonario de la región que figuraba entre los cinco principales magnates del mundo. El extraordinario alcance de su poderoso imperio comercial monopolizado le permite fácilmente a los mexicanos de clase media dedicar una buena parte de su día normal a engrosar los abultados márgenes de utilidades del industrial de (65) 66 años de edad. Un oficinista de la ciudad de México puede ir a comer a uno de los restaurantes de la cadena Sanborn's, propiedad de Slim; llamarle a su esposa desde un teléfono celular adquirido en la compañía Telcel, propiedad de Slim; pasar por un pastel de chocolate camino de regreso a casa en una de las pastelerías El Globo, también propiedad de Slim; al llegar a casa puede relajarse viendo una telenovela o un partido de fútbol en un canal de televisión propiedad del conglomerado de Televisa de la familia Azcárraga, en la que Slim tiene un 25% de participación accionaria.

Y la joya de la corona del Grupo Carso de Slim nunca se confundirá con una empresa amigable con el cliente. Telmex tiene la fama de interrumpir el servicio a un cliente que no paga su recibo en el lapso de unos poquísimos días posteriores a la fecha de vencimiento, y los estadounidenses o europeos que viven en México a menudo se quejan por la pésima recepción que proporciona la red de telefonía celular Telcel.

No hay probabilidades de que cambie esta situación oligopólica en un futuro próximo. Televisa y TV Azteca unieron fuerzas para cabildear al gobierno de Fox en contra de una propuesta de crear una tercera cadena televisora e incrementar así la competencia en la industria de las emisoras. Mediante sus noticieros nocturnos ambas cadenas tienen el poder de hacer o deshacer políticos, y hasta los líderes de izquierda parecen renuentes a desafiar su dominio absoluto en las ondas aéreas.

Durante una entrevista de una hora que Andrés Manuel López Obrador me dio en mayo del año 2005, el entonces jefe de gobierno de la ciudad de México contestó sin inconvenientes a prácticamente todas las preguntas que le lancé sobre sus ambiciones y propuestas políticas. Pero cuando le pregunté si como presidente de la nación plantearía de nuevo la idea de otorgar una nueva franquicia para una cadena de televisión, el candidato de pronto se mostró tímido. "Nosotros no nos vamos a meter en eso", dijo con una risa nerviosa, tal vez preocupado por la manera en que las cadenas televisoras pudieran interpretar su respuesta y afectara la cobertura que los canales de televisión harían de su campaña en 2006. "Mire, es un tema muy espinoso", me dijo.

Continué con una pregunta sobre el monopolio de Telmex, y López Obrador pasó de mostrar una actitud vacilante a adoptar una completamente falsa. "Ya hay competencia, hay otras empresas", farfulló. "Creo que Telmex ha demostrado ser una empresa eficaz." Como cliente permanentemente insatisfecho,

121

yo habría ansiado disentir. Pero sus respuestas enviaron un mensaje muy claro a mis oídos: los peces más gordos del sector privado de México no tendrán mucho que temer si este llamado populista llega a la presidencia.

El cordón umbilical de las remesas

Un grupo de alrededor de 200 personas estaba reunido en la plaza principal de Acapulco una tarde de verano en el año 2004, con el fin de escuchar a Jorge Castañeda exponer sus argumentos como candidato a la presidencia de México. La visita al puerto turístico de fama mundial había sido incluida en el primer recorrido por el país del ex-secretario de Relaciones Exteriores, quien iba acompañado de su amigo, y también intelectual, Héctor Aguilar Camín. Para iniciar el evento, Aguilar Camín le pidió a Castañeda que hablara sobre la parte fundamental de su labor en los dos años que fungió como canciller del gobierno de Vicente Fox (la propuesta finalmente infructífera de alcanzar un acuerdo amplio de inmigración con Estados Unidos).

Castañeda tomó el micrófono y pidió que levantaran la mano las personas del público que estaban recibiendo dinero de familiares que trabajaban en el Norte. Para asombro tanto de Castañeda como de Aguilar Camín, cerca de la mitad de los presentes levantó la mano. "Acapulco no es una ciudad que particularmente se caracterice porque su gente tienda a emigrar a Estados Unidos, por lo menos no tanto como podrían ser Morelia, Zacatecas o Guadalajara, que son zonas de muy evidente expulsión", re-

cuerda Aguilar Camín. "Fue muy sorprendente que esa cantidad de personas que estaban allí estuvieran recibiendo ayuda
económica de algún pariente desde Estados Unidos."

Los factores que llevaron a mi padre a vivir en Los Ángeles
en la década de los treinta ejercen una influencia todavía mayor en
los mexicanos de hoy en día. Una muy extensa encuesta de opinión encargada por *The New York Times* en 1986 reveló que 4
de cada 10 mexicanos vivirían en el país del norte si tuvieran la
oportunidad de hacerlo. Esa cifra aumentó a 81% en una encuesta de 2001, en la que apenas el 14% respondió que dejaría
pasar la oportunidad.

El dinero enviado a casa por los aproximadamente 10 millones de inmigrantes nacidos en México que ahora están trabajando en Estados Unidos nunca ha sido tan relevante para su
tierra natal. En el año 2004, dichos trabajadores derramaron
aproximadamente 16.6 mil millones de dólares en la economía
mexicana, una suma que representó un salto del 24% con respecto al año anterior, y superó al turismo y a la inversión extranjera directa como la fuente más grande de ingresos en el
país, después del petróleo. El dinero enviado a casa por los inmigrantes durante los primeros 10 meses de 2005 casi igualó la
cifra de todo 2004. Una reciente encuesta patrocinada por el
Banco Interamericano de Desarrollo calculó que casi 1 de cada
5 mexicanos recibe remesas en forma periódica de familiares
que tienen un empleo en Estados Unidos, lo que convierte a
México en el más grande beneficiario de dichas transferencias
financieras en todo el mundo.

Esas abundantes sumas contribuyeron a restituir, en mucho,
la imagen del emigrante mexicano en casa. Desdeñados durante décadas como renegados que le habían vuelto la espalda a su
propio país para ir en busca del todopoderoso dólar, los mexi-

canos que viven en Estados Unidos ahora son un sector muy atractivo para políticos y banqueros, como nunca antes lo habían sido. Cuando en el 2000 entró en funciones el presidente Vicente Fox, los llamó "nuestros queridos inmigrantes" que eran poco menos que "heroicos". Aseveró que durante su administración los consulados mexicanos en Estados Unidos se convertirán en "los mejores aliados de los derechos de los inmigrantes", y su gobierno posteriormente publicó un libro de historietas a manera de guía, sobre los peligros de entrar a Estados Unidos en forma ilegal, mediante el cual se le daba a los futuros emigrantes consejos de cómo mantenerse a salvo.

El estado binacional de Zacatecas

En ningún lugar es más evidente la importancia económica y la influencia política de los inmigrantes mexicanos que en el estado de Zacatecas. El nombre del estado proviene de una palabra que los indios chichimecas utilizaban para describir el lugar en el que crece el zacate, pero es el verde de los billetes estadounidenses el que ahora impera en Zacatecas. De acuerdo con información financiera recopilada por el Banco de México, inmigrantes de Zacatecas transfirieron 352 millones de dólares a la economía del estado en el año 2003, y si se contabilizan los fajos de dinero que llevan los emigrantes durante sus visitas periódicas a sus pueblos natales, esa cifra asciende a un estimado de 480 millones de dólares. Ningún estado de México ha visto trasladarse a Estados Unidos un porcentaje tan elevado de sus habitantes, y las remesas que envían a casa representan el 8.2% del producto interno bruto (PIB) anual del estado, otro récord na-

125

cional. En comparación, el estado de Michoacán, que tiene mayor número de habitantes, tiene más inmigrantes que viven en Estados Unidos en términos absolutos y, por lo tanto, recibe más dinero en remesas; sin embargo, los 1,800 millones de dólares que enviaron esos trabajadores a casa en 2003, apenas representaron el 4% del PIB anual del estado.

El éxodo de sus hijos predilectos es una medida reveladora de cuánto ha cambiado la suerte de Zacatecas con el paso de los siglos. El estado fue la primera fuente importante de riqueza de la Nueva España, a partir de septiembre de 1546, cuando el comandante de un destacamento de tropas españolas, llamado Juan de Tolosa, estableció un campamento al pie de una montaña llamada La Bufa. Durante los 25 años anteriores, los españoles se habían esparcido por buena parte del territorio de la Nueva España en busca de riquezas minerales, pero ni Pachuca, Sultepec o Taxco habían producido la cantidad de plata que Hernán Cortés había esperado encontrar. Los indígenas a quien Tolosa conoció lo condujeron a un apiñamiento de rocas que creyeron que serían de interés para el aventurero europeo. Dichas rocas contenían el preciado metal que la corona española codiciaba, y enseguida se estableció un asentamiento minero en el sitio que actualmente ocupa la ciudad de Zacatecas.

Así, se convirtió en la primera ciudad con una auténtica explotación de minas de plata de la Nueva España, y con el descubrimiento de más depósitos de plata en Sombrerete y Fresnillo, la consiguiente estampida de colonizadores españoles y obreros indígenas que llegaron a la región transformaron a Zacatecas en la tercera ciudad más grande de la colonia después de la ciudad de México y Puebla. Para 1574, se extraía plata en siete minas de asentamientos distribuidos por todo Zacatecas, y la región llegó a rivalizar con la ciudad andina de Potosí como principal fuente de abastecimiento de plata de España a finales del siglo XVII y principios del XVIII.

Tres siglos después, el estado que se volvió famoso por exportar plata ahora exporta gente. Cuando a finales del siglo XIX las minas de plata del estado estaban ya agotadas, los zacatecanos empezaron a salir en busca de empleo. La fuga inicial de trabajadores se orientó hacia las minas y las nuevas industrias de Chihuahua y Nuevo León, pero algunos de ellos pronto cruzaron la frontera hacia los estados del suroeste de Estados Unidos (Texas, Nuevo México y Arizona). La industria ferroviaria estadounidense, que estaba en auge, fue el principal imán de empleo que llevó a los zacatecanos a Estados Unidos en los primeros años del siglo XX, y la introducción del programa de braceros durante la Segunda Guerra Mundial trajo a miles de trabajadores a los valles agrícolas del centro y sur de California.

El Consejo Nacional de Población calcula que 600,000 personas oriundas de Zacatecas residen de manera permanente en Estados Unidos, cifra que equivale al 40% de los 1.5 millones de habitantes del estado. Si esa población de base se complementa con el número de hijos y nietos que han nacido allá, la cifra total de mexicanos y mexicano-estadounidenses de origen zacatecano que viven al norte de la frontera excede el número de personas que se han quedado. En un estado en el que el cultivo de frijoles, chiles, guayaba y otros productos agrícolas todavía proporciona la principal fuente de ingresos y empleo, la suerte económica de Zacatecas ahora está abrumadoramente vinculada con la disposición de sus hijos predilectos de seguir enviando dinero a casa. "El sector empresarial es muy reducido, y el único sector que ha presentado dinamismo económico ha sido el que conforman los inmigrantes", afirma Rodolfo García Zamora,

127

profesor de economía especializado en temas de inmigración en la Universidad Autónoma de Zacatecas. "No hay ningún otro sector que tenga la misma importancia."

Esa peculiar confluencia de circunstancias ha dado origen a lo que muchos habitantes locales llaman el primer estado verdaderamente binacional de México. En 2003, la legislatura del estado aprobó un proyecto de ley en el cual confería a los inmigrantes con residencia en Estados Unidos el derecho de postularse como candidatos en las elecciones municipales y estatales. Un año después los electores respondieron eligiendo a dos inmigrantes para la asamblea estatal compuesta por 30 curules, e instalando a dos residentes, con mucho tiempo viviendo en Estados Unidos, como presidentes municipales de los pueblos de Jerez y Apulco. Un quinto inmigrante fue elegido para el concejo municipal de Fresnillo, la segunda ciudad más grande del estado. En esa misma votación, Amalia García Medina se convirtió en la primera mujer en la historia de Zacatecas en ser elegida gobernadora. Ella atribuye su victoria en gran parte al impacto de la inmigración y, por otro lado, a las características demográficas del estado, en donde las mujeres componen el 53% de sus habitantes. "Zacatecas tiene una ciudadanía femenina muy activa y hubo una enorme identificación con mi candidatura", sostiene la menuda y formal gobernadora de 53 años de edad. "Pero este vínculo tan intenso que tiene Zacatecas con los Estados Unidos ha impactado sobre todo en su visión del mundo. A pesar de ser una economía rural, no hay una sociedad rural. A los zacatecanos no les resulta complicado que los gobierne una mujer. No les genera ningún conflicto, lo ven como algo natural."

EL PROGRAMA TRES POR UNO

Durante los primeros 100 días de su gobierno, García Medina hizo cinco viajes a ciudades estadounidenses para reunirse con sus paisanos zacatecanos. Esas peregrinaciones representaron un tributo más a las aportaciones de los norteños, como se les conoce a los inmigrantes dentro de Zacatecas. Pero ese reconocimiento no surgió de manera espontánea: en realidad es el fruto ganado a pulso de más de 30 años de organización a nivel popular y proyectos comunitarios de automejoramiento encabezados por gente como Manuel de la Cruz, quien fue uno de los dos norteños elegidos para la legislatura estatal en 2004.

De la Cruz, de 55 años de edad, entró por primera vez a Estados Unidos con documentos falsos en 1972 y pronto se estableció en el suburbio de Norwalk de Los Ángeles. Con capacitación en ingeniería mecánica recibida en la ciudad de México, De la Cruz consiguió trabajo de carpintero en la industria de la construcción en el sur de California, y a un año de su llegada, su esposa dio a luz al primero de sus cuatro hijos nacidos en Estados Unidos. Durante una visita en su casa en las afueras de Los Ángeles, la madre de De la Cruz le pidió a éste ayuda financiera para construir una capilla en el pueblo natal de la familia, El Tejuján, en las afueras de la ciudad de Fresnillo. Esa petición a la larga generó un programa innovador que ha transformado a docenas de pueblos y ciudades en todo el estado de Zacatecas. Con el fin de recaudar fondos para la capilla, De la Cruz fundó un club social llamado Ranchos Unidos de Fresnillo. En 1986, el club incorporó a una nueva federación de clubes zacatecanos en el sur de California que siguió adelante hasta forjar una relación de trabajo con el consulado mexicano en Los Ángeles.

En 1992, De la Cruz fue elegido presidente de la federación y un año después se creó el programa "Dos por Uno" conforme a un acuerdo realizado con la Secretaría de Relaciones Exteriores de México, que consistía en que tanto el gobierno federal como el estatal donarían un dólar por cada dólar que recaudara la federación para obras públicas y proyectos comunitarios. En 1999 el programa fue rebautizado con el nombre de "Tres por Uno", cuando también se unieron los gobiernos municipales, y a lo largo de un periodo de 12 años los clubes de inmigrantes han ayudado a financiar más de 1,500 proyectos en Zacatecas, que van desde la pavimentación de calles y la construcción de clínicas de salud, hasta la construcción de drenaje e instalaciones para agua potable. Alrededor de 300 clubes zacatecanos se han establecido en 13 estados de Estados Unidos, y en 2003 recaudaron 5 millones de dólares para 308 proyectos comunitarios en Zacatecas bajo los auspicios del programa "Tres por Uno". El éxito de la iniciativa consiguió el apoyo oficial del presidente Fox poco después de que entró en funciones, y el programa se ha extendido a otros 22 estados de México.

El impacto económico de la gran población migratoria del estado puede verse en todo Zacatecas. El aeropuerto internacional de la ciudad capital del estado ofrece más vuelos directos a más destinos en Estados Unidos (cuatro) que a aeropuertos mexicanos (tres) (y una de dichas ciudades mexicanas es Tijuana, un punto de partida establecido hace mucho tiempo para generaciones sucesivas de inmigrantes). En diciembre las calles de ciudades como Jalpa, Juchipila y Jerez se llenan de camionetas Ford F-150, mini-vans Toyota Previa y vehículos deportivos Chevrolet Tahoe con placas de California, Texas, Illinois, Colorado y Carolina del Norte, en los que trabajadores mexicanos han viajado para pasar las fiestas de fin de año con familiares y amigos. Agentes de bienes raíces y distribuidoras automotrices cotizan habitualmente sus precios y tarifas en dólares estadounidenses. La gobernadora García Medina sostiene que es imposible hacer un cálculo confiable del índice de desempleo del estado debido a que numerosos trabajadores vienen y van entre Zacatecas y Estados Unidos. "Aquí estamos más vinculados con Los Ángeles que con el Distrito Federal", observa Miguel Moctezuma Longoria, investigador especialista en temas de inmigración de la Universidad Autónoma de Zacatecas. "El estado de Zacatecas es el más binacional de todos."

EL VOTO INMIGRANTE

Hasta fecha reciente, los recursos económicos que los inmigrantes traen a sus pueblos natales nunca se han traducido en influencia política. Conforme a las leyes electorales del país, los trabajadores mexicanos que viven en Estados Unidos tenían que regresar físicamente al país para votar, y sucesivos gobiernos priístas se opusieron a las propuestas de conceder a los emigrantes una condición de doble residencia y conferirles el derecho de emitir su voto desde el extranjero. Una población que había votado por irse del país seguramente no estaría dispuesta a apoyar a un partido que gobernó a México durante 71 años y que esperaba ser castigado por la corrupción y mala administración que, en primer lugar, llevó a millones de sus compatriotas a irse. Los muchos años que estos inmigrantes pasaron viviendo en un país extranjero con una auténtica democracia que funciona fue otro factor que disuadió a los políticos del PRI, sostiene

Manuel de la Cruz, quien hizo campaña para conseguir un curul en la legislatura estatal como candidato del PRD. "La preocupación más grande que tienen es la participación de los inmigrantes, porque temen de esa democracia que hemos aprendido en los Estados Unidos donde existen dos partidos reales", afirma De la Cruz. "Esa democracia viene a romper todo ese castillo de cristal."

Las añejas demandas del derecho a votar de inmigrantes políticamente activos como De la Cruz al fin recibieron el respaldo presidencial de Vicente Fox. Y cuando su gobierno presentó una propuesta de ley que permitiría que hasta cuatro millones de inmigrantes enviaran sus boletas por correo desde el extranjero para la elección presidencial de 2006, los congresistas del PRI no tuvieron más opción que unirse a sus colegas de otros partidos en la aprobación de la ley. Sin embargo, el impacto del voto del emigrante en el resultado de esta elección será nulo. De acuerdo con las engorrosas regulaciones que establece la ley, sólo aquellos inmigrantes mexicanos con credenciales de elector válidas pueden emitir su voto, y quienes carezcan del documento tienen que acudir en persona a un consulado mexicano en Estados Unidos o a las oficinas del Instituto Federal Electoral (IFE) en pueblos y ciudades a lo largo de la frontera estadounidense.

En el año 2006, la votación de inmigrantes se restringió a la contienda presidencial, y conforme a una estipulación del IFE, los candidatos tienen prohibido hacer campaña en el extranjero. Los partidos políticos enfrentan un impedimento similar para gastar dinero fuera de México con el fin de promover a sus candidatos presidenciales.

55,000 inmigrantes solicitaron sus boletas de votación para fines de febrero de 2006, y a final de cuentas, solo 40,655 ciudadanos mexicanos viviendo en el exterior pudieron inscribirse para la votación, una cifra que representa apenas el 0.06% del padrón electoral del país. Sin embargo, se abrió camino, y la importancia del voto de los inmigrantes en las elecciones futuras está destinada a incrementarse a medida que los emigrantes se vayan acostumbrando a ejercer sus derechos cívicos desde sus hogares en Estados Unidos. "Son ahora un nuevo sujeto político y social que están actuando de una manera binacional y tienen reconocimiento político", afirma Moctezuma Longoria de la Universidad Autónoma de Zacatecas. "La clase política tiene temor de que este nuevo sujeto tome en sus manos su propio destino, tiene capacidad de negociación, está haciendo programas de desarrollo para sus comunidades y cuestiona a los políticos."

La americanización del campo zacatecano

La huella de la americanización puede verse fácilmente en la ciudad de Valparaíso en el rincón noroeste del estado de Zacatecas. El descuidado centro de la ciudad alberga media docena de casas de cambio y las sucursales de dos importantes bancos mexicanos que procesan unos 100,000 dólares en remesas que llegan a Valparaíso diariamente. Al igual que muchas otras ciudades de Zacatecas, Valparaíso ha visto reducirse su población durante los últimos 15 años, y muchos de sus habitantes actuales tienen a todos los miembros de sus familias inmediatas viviendo en Estados Unidos. Delfino Blanco Pasillas es un abogado de 43 años con tres hijos, que dirige un próspero despacho en la ciudad de 11,000 habitantes, y es el único miembro de su familia inmediata que todavía vive en Valparaíso. Sus padres se

133

fueron a Chicago cuando él tenía 14 años de edad, y sus nueve hermanos viven en el otro lado. "Antes era extraño que alguien tuviera un pariente allá", explica Blanco, un hombre chaparrito con una sonrisa pícara y un apetito aparentemente insaciable. "Ahora lo extraño es que alguien no lo tenga."

Para ilustrar su argumento, muy temprano, en una mañana fresca de invierno, Blanco me lleva a recorrer los caseríos rurales en las afueras de Valparaíso. La ganadería alguna vez fue la soberana de esta región desértica de Zacatecas, pero esa industria sufrió un descenso absoluto desde el fraccionamiento de las haciendas, que siguió al derrocamiento de Porfirio Díaz. Nuestra primera parada es Las Pilas, un conjunto de chozas separadas por cercas de piedra a la orilla de la carretera que une Valparaíso con los límites estatales con Durango. Las Pilas es un buen ejemplo de lo que Blanco llama las comunidades fantasmas de Zacatecas, ranchos abandonados cuyos residentes más jóvenes hace tiempo que se fueron en busca de pastos más verdes al norte.

En todo el estado, me platica Blanco, sólo tres de los 57 municipios de Zacatecas registraron un crecimiento demográfico neto entre 1990 y 1995. Es fácil comprender la razón después de hablar con los pocos habitantes que quedan en Las Pilas. Los seis hijos de Reyes Lozano Muñoz viven ahora en Texas y California, y el campesino de 67 años es uno de los pocos habitantes que residen todo el año en Las Pilas. "Somos cuatro personas las que nos encargamos del rancho", afirma el canoso campesino. "Se siente uno más pobre, más vacío, más solo."

Las bendiciones mezcladas de la inmigración también están a la vista en el siguiente poblado, un rancho de 80 residentes llamado Cruces. El programa "Tres por Uno" ayudó a pagar la construcción de un cementerio y la restauración de una capilla católica que tenía 60 años. Pero la escuela primaria con tres salones fue cerrada hace unos años porque no había suficientes niños menores de 12 años para justificar la continuación de sus actividades. "Hay muy poquita gente ya", dice Tadeo Álvarez Reyes, con 73 años y cuatro hijos que viven en St. Louis y Fort Worth, Texas. "Estaba llenito este rancho, pero ya toda la gente se va a Estados Unidos."

Más tarde, un joven que regresó a Cruces para las vacaciones, se pasea por ahí. Rigoberto Navejas se fue a la edad de 18 años y se estableció en Wisconsin, en donde trabaja en la industria de la construcción. Ahora, a los 36 años, Navejas dice que regresa a Cruces dos o tres veces al año con su esposa y sus dos hijos nacidos en Estados Unidos. De pie uno al lado del otro, él y Álvarez, con el cabello blanco, muestran un sorprendente contraste en la manera de vestirse. El anciano campesino lleva la ropa de su generación y condición social: sombrero de paja, pantalones de mezclilla deslavada y huaraches. En contraste, Navejas luce como un gringo treintañero que está de vacaciones: gorra azul oscuro de los Yankees de Nueva York, playera roja de Nike y botas de alpinista color pardo.

Delfino Blanco es notablemente filosófico sobre el fenómeno de la inmigración que lo dejó sin padres ni hermanos que vivieran cerca. La cultura binacional de Zacatecas sin duda ha dejado su huella en el abogado rural: Blanco cotiza por lo regular sus tarifas en dólares y a menudo termina sus conversaciones telefónicas con la frase importada de, "*Okay, I see you, bye.*" Pero en general ve el éxodo de los zacatecanos como algo positivo. "Para el muchacho de catorce años su meta ya es de pasar la frontera", dice cuando vamos de regreso a Valparaíso. "Es una válvula de escape al contener el ímpetu de los jóvenes. No les estamos dando la oportunidad de conseguir empleo, y si se quedan acá, se da el robo y la delincuencia." No considera menos mexicanos que él a sus compatriotas que han abandonado el país. "Se van pero siguen siendo mexicanos", afirma Blanco. "Ya no son parte de su pueblo, les falta la membresía, pero la identidad nunca la perderán. Y vuelven a ser aceptados cuando vuelven acá."

Esa ha sido la gratificante experiencia de Silvia Rodríguez Ruvalcaba. La inmigración ha desarraigado a Rodríguez en tres ocasiones. Nacida en Santa Mónica, California, era una niña de 11 años cuando su padre inmigrante trasladó a su familia de regreso a su pueblo natal de Zacatecas de Contitlán ("él no quería que agarráramos costumbres norteamericanas", explica con una sonrisa). Rodríguez se casó joven y regresó al sur de California con su esposo inmigrante cinco años después. Luego, a la edad de 29 años, la madre de dos hijos regresó a Contitlán por última vez. Cuando Rodríguez viajó a Zacatecas con sus padres a finales de los sesenta, no había electricidad, drenaje ni agua potable en Contitlán. Sus nuevos compañeros de escuela de inmediato la apodaron "la pocha". "Yo hablaba el español un poco mocho, cortaba las palabras y tenía que repartir galletas para que jugaran conmigo", recuerda. Cuando hacía el juramento a la bandera mexicana en su nueva escuela, Rodríguez tenía sentimientos encontrados y le preocupaba que de alguna manera estuviera traicionando la tierra donde había nacido.

Los tiempos han cambiado mucho tanto para Rodríguez como para el pueblo natal de sus padres. Contitlán ahora se parece muy poco al atrasado sitio rural de su juventud, y tal vez la característica más mexicana del pueblo es su nombre indígena. El regreso de varias familias que prosperaron en Estados Unidos transformó la comunidad en una versión miniatura de una colonia estadounidense de clase media, con algunas casas que tienen estacionamiento para dos automóviles, antenas satelitales y techos de teja roja española que son tan comunes en los suburbios del sur de California. Casi todas las calles están pavimentadas y equipadas con topes para reducir la velocidad del tránsito. La casa más grande de Contitlán pertenece a uno de los parientes políticos de Rodríguez, una mansión de dos pisos, de grandes e irregulares dimensiones, pintada de color vainilla con aderezos verdes. Rodríguez, de 49 años de edad, tiene doble nacionalidad y afirma que se siente igualmente en casa en ambos lados de la frontera. Y como lo admite, sin dificultades, Rodríguez y otros antiguos inmigrantes que han regresado a casa disfrutan de lo mejor de ambos mundos. "Nos gustó la forma de vivir allá y quisimos integrarlas acá", explica. "Queremos todas las comodidades de allá —el lavatrastes, el *icemaker*— pero viviendo con las costumbres y tradiciones de México."

Más adelante de Contitlán, me topé con otra ilustración del carácter binacional de Zacatecas. Jóvenes y adolescentes del pueblo de Apozol estaban vestidos con uniformes de rayas que tenían los nombres de "Halcones" y "Diablos" para un partido de béisbol una tarde de domingo. No me habría sorprendido en un estado fronterizo, donde la proximidad de Estados Unidos ha puesto al béisbol a la par que el fútbol en cuanto a popularidad y ha producido a jugadores de las grandes ligas como Esteban Loaiza de Tijuana y Aurelio Rodríguez de Sonora. Pero en el corazón de la provincia mexicana, ver a hombres maduros con cascos de bateo despierta mi curiosidad.

Un pequeño grupo de residentes de la localidad se acomoda detrás de la meta de bateo y a lo largo de la línea de primera base, muchos de ellos bebiendo Coronas a grandes tragos mientras el sistema de sonido toca música ranchera. Después del juego me acerco en busca de una explicación a uno de los jugadores que se ve más joven. Raúl Islas Medina me cuenta que el béisbol lo introdujeron en esta región de Zacatecas los inmigrantes que regresaron en la década de los cuarenta. El albañil de 19 años empezó a jugar béisbol cuando tenía 10, y su jugador favorito es Derek Jeter de los Yankees de Nueva York. Pero para que yo, como forastero, no me quedara con la impresión equivocada, Raúl señala que el fútbol también es importante en Apozol, y él mismo entrena a un equipo local. "La misma gente a la que le gusta ver el béisbol también viene a los partidos de fútbol", dice Raúl.

No todo lo relativo a la experiencia de inmigración ha sido uniformemente positivo en Zacatecas. La gobernadora García Medina afirma que las empresas que abrieron maquiladoras en el estado al cabo de los años tuvieron que cerrar sus fábricas cuando no pudieron satisfacer las expectativas salariales locales, infladas por los sueldos que ganaban los inmigrantes en Estados Unidos. Los investigadores académicos han establecido un vínculo entre los altos índices de inmigración y la propagación de la epidemia del sida en el interior de México, y Zacatecas es un ejemplo de ello. Más de 700 habitantes del estado han sido diagnosticados VIH-positivo, y un volante pegado en un pizarrón en las oficinas de gobierno de Valparaíso insta a los residentes a observar el próximo día mundial del sida.

En años recientes, los funcionarios de inmigración estadounidenses han deportado a decenas de miles de jóvenes nacidos en países latinoamericanos que se han involucrado en actividades delictivas, y algunos de ellos han terminado viviendo con fami-

de estos jóvenes traen consigo los malos hábitos del consumo de drogas y las actividades de bandas callejeras que adquirieron en Estados Unidos. "Hay jóvenes que vuelven de los Estados Unidos con actitudes muy cambiadas", observa Rodolfo García Zamora de la Universidad Autónoma de Zacatecas. "Visten como los cholos del este de Los Ángeles, son más angloparlantes que hispanoparlantes. Sus valores son distintos, entran a menudo en conflictos con las autoridades familiares y se convierten en factores fuertes de inadaptación."

LA CULTURA DE LAS REMESAS

El asunto de la inmigración es a las relaciones entre Estados Unidos y México en la actualidad lo que el narcotráfico fue en la década de los ochenta: una fuente interminable de desacuerdos y tensiones entre Washington y la ciudad de México. Un estridente cabildeo ha surgido en Estados Unidos encabezado por el conductor de CNN, Lou Dobbs, que pide al gobierno de Bush hacer algo sobre la supuestamente "frontera rota" del país con México. El cada vez más intenso clamor ha encontrado una respuesta favorable en Capitol Hill: en las últimas semanas de 2005, la Cámara de Representantes de Estados Unidos aprobó un proyecto de ley conforme al cual se construirían muros de concreto a lo largo de más de 1,100 kilómetros de la frontera sur del país y exigiría a empleadores estadounidenses que verificaran la situación legal de sus trabajadores extranjeros. Si es aprobada por el Senado de Estados Unidos, la medida efectivamente convertiría a millones de mexicanos en infractores de la ley por su sola presencia en suelo estadounidense, y el presidente

George Bush respaldó públicamente la severa ley. El respaldo de la Casa Blanca sorprendió al gobierno mexicano, y un presidente Fox, visiblemente enfurecido, condenó la propuesta de ley en forma determinante. "Este muro nos parece una vergüenza", censuró Fox durante una ceremonia celebrada en su estado natal de Guanajuato para dar la bienvenida a las aportaciones hechas por los inmigrantes mexicanos para mejorar las condiciones económicas en sus pueblos natales. "No es posible que en el siglo XXI estemos construyendo muros entre dos naciones que somos vecinas, entre dos naciones que somos hermanas, entre dos naciones que somos socias. Es una pésima señal que no habla bien de un país que se precia de ser democrático."

Los críticos del muro fronterizo sostienen que, con el tiempo, con toda seguridad se dañarán las relaciones bilaterales entre Washington y la ciudad de México, y que es poco probable que se logre impedir a los mexicanos tratar de entrar a Estados Unidos en el futuro previsible. Una encuesta realizada en 2003, publicada por el *Pew Hispanic Center*, con sede en Washington, reveló que 19% de todos los adultos mexicanos estaban pensando en irse al norte, y un porcentaje similar dijo que estaban recibiendo dinero de familiares que trabajaban en Estados Unidos. Eso ha dado origen a lo que el director del *Pew Hispanic Center*, Roberto Suro, llama una "cultura de las remesas". "Enviar remesas es como rezar", dice Suro, hijo de inmigrantes de Ecuador y de Puerto Rico y nacido en Estados Unidos. "Si eres un buen emigrante, envías remesas. A la gente le gusta vanagloriarse de la cantidad que envían, y si no lo haces eres considerado un pendejo."

Alfonso Rodríguez es uno de esos "emigrantes buenos". El corpulento jardinero de 49 años de edad abandonó su pueblo natal de El Remolino en el estado de Zacatecas en 1975 a la edad de 19 años. Se estableció en Los Ángeles, formó una familia, y en 1996 fundó su propio club de zacatecanos. Durante los siguientes nueve años, el Grupo El Remolino ha recaudado más de 50,000 dólares para una variedad de proyectos iniciados bajo los auspicios del programa "Tres por Uno", entre ellos la construcción de una clínica médica y un museo local, y la restauración de una escuela primaria.

Conocí a Rodríguez en diciembre de 2004 en las oficinas municipales de Juchipila, la ciudad que tiene El Remolino dentro de su jurisdicción. Conocido entre sus amigos como Poncho, había llegado el día anterior de Los Ángeles con su esposa Hortencia y su hija de nueve años, Alejandra, nacida en Estados Unidos, en la visita anual de la familia a Zacatecas. Algunos críticos del esquema "Tres por Uno" dicen que están emprendiendo proyectos de obras públicas que deberían llevar a cabo dependencias gubernamentales, pero Poncho Rodríguez se mostró orgulloso cuando me llevó a hacer un recorrido de las mejoras que su club ha financiado en El Remolino. "Siempre nos hemos enfocado en proyectos comunitarios", explicó Rodríguez. "Cuando el gobierno hace una cancha de básquetbol, ya está rayada y todo está arruinado a dos meses de inaugurarla. Por eso estoy más a favor a la manera de que se hacen las obras ahora. Nos está costando esfuerzo hacer estos proyectos, y por eso es muy difícil que se destruya una obra de la comunidad."

Cuando Rodríguez se dirigió a Los Ángeles en busca de trabajo, en la década de los setenta, el típico inmigrante casado solía dejar a su mujer y a sus hijos. Sin embargo, en la actualidad cada vez más inmigrantes van a Estados Unidos seguidos de toda su familia, y eso ha acelerado la despoblación de muchas ciudades y pueblos en todo Zacatecas. Cuando Rodríguez era un niño, El Remolino tenía más de 2,000 residentes promedio al año. Actualmente, la población permanente de la ciudad ha descendido a la mitad de esa cifra. "Por razones obvias cambiaron las formas de pensar", explica. "Por la falta de empleo vinieron todas las familias, y por eso bajó la población."

Pero esa tendencia reciente podía poner en riesgo la fuente de remesas a la larga. Los autores de un artículo que apareció en el número del verano de 2005 de la revista trimestral *Foreign Affairs en español* advirtieron que era probable que las generosas sumas de dinero enviadas a casa por los inmigrantes descendieran con el paso del tiempo a medida que un número mayor de estos trabajadores se vayan mezclando con la sociedad estadounidense. Mientras más mujeres y niños crucen la frontera en los próximos años para reunirse con sus esposos y padres, con el tiempo serán menos los que se queden en casa. La experiencia de Turquía puede servir de advertencia para México. Las remesas de los *gastarbeiters* que viven en Alemania tuvieron un auge en las décadas de los ochenta y los noventa, pero han estado descendiendo desde 1998, año en el que alcanzaron su máximo nivel cuando los turcos enviaron 5.3 mil millones de dólares a su país natal. Esa cifra casi se redujo a la mitad en tres años, en gran medida debido a la reunificación de familias en Alemania. "Por el lado de la oferta, el inmigrante original tiene menos incentivos para volver a Turquía, pues sus familiares ya viven en Alemania", escribieron los expertos en inmigración Jerónimo Cortina, Rodolfo de la Garza y Enrique Ochoa-Reza. "Por el lado de la demanda, tanto el inmigrante original, como el nuevo, ya no tienen a quién enviar remesas. Lo mismo sucederá en México si la inmigración futura resulta en la reunificación de

familias mexicanas en Estados Unidos." Otra voz de advertencia provino del embajador de Estados Unidos en México, Tony
Garza, quien en un discurso en julio de 2005, ante la *American
Chamber of Commerce* en la ciudad de México, declaró que "de-
pender de las remesas provenientes de Estados Unidos no es una
política económica viable. Esto sólo incrementa la dependencia en
Estados Unidos y retrasa la participación completa de México
en la economía global."

"DIOS MÍO, ¿DÓNDE ESTOY?"

Para muchos inmigrantes mexicanos, el viaje periódico a casa
para ver a amigos y familiares puede constituir un choque cultural en sí mismo y por sí mismo. Linda Julissa González tenía
14 años cuando abandonó Guadalajara en 1984 para irse a vivir
con su abuelo en Los Ángeles. González ha vivido en el sur de
California desde entonces, sus dos hijos adolescentes nacieron
en Los Ángeles y tienen nombres en inglés. Sin embargo, todavía visita Jalisco de manera periódica, y con cada viaje, González, mesera de 34 años, que trabaja en un salón de billar en el
Boulevard Hollywood, se asombra del grave desgaste de la identidad mexicana en la era de la globalización. Los fines de semana
los adolescentes se congregan en una tienda Costco de la colonia donde vive su familia, en Guadalajara, para vagabundear y
decidir a qué fiestas van a asistir. Algunos de sus primos vieron
en la llegada de González una oportunidad de oro para practicar
su inglés. "Ya no quieren hablar el español", recordó con consternación. "Guadalajara parece una ciudad como Los Ángeles,
aunque un poco más chica. Hay McDonald's, Burger Kings,

Outback Steak Houses. A veces me pregunto, 'Dios mío, ¿dónde estoy?'"

En su viaje más reciente a Guadalajara, González huyó a un pequeño poblado cerca del Lago de Chapala donde viven unos familiares, y donde el ambiente y sabor del México que ella conoció de niña todavía perduran. "Cuando vuelvo y quiero sentirme en México tengo que irme a este pueblo chico, que se llama Cajititlán", explicó. "Cuando quiero tener la paz de poder comer unos tacos de carnitas con tortillas hechas a mano, me voy al pueblo."

Lo más desconcertante de todo es que los parientes de González no parecen pensar mucho en los cambios que a ella tanto le molestan. "¿Te gusta todo esto que está pasando?" le preguntó a una de sus tías. "¿De qué sirve tener una ciudad que está perdiendo sus costumbres y su comida y donde están quitando restaurantes mexicanos para poner restaurantes americanos?" "Pos, ni lo había pensado si me gusta o no", respondió su tía atónita. Allí radica una amenaza de largo plazo para el sentido de identidad nacional profundamente asentado de México: para millones de mexicanos comunes, la americanización se ha convertido en una característica fundamental de su panorama cultural y material, un hecho básico de la vida que a menudo pasa inadvertido, y que mucho menos se cuestiona.

Emilio Azcárraga Jean no impresiona mucho cuando entra a un salón. Una mañana estaba yo entrevistando a su amigo de toda la vida e importante ejecutivo, Bernardo Gómez, en la oficina privada de Azcárraga, en los estudios de Televisa en San Ángel, cuando el vástago, de aspecto juvenil, de la principal dinastía de los medios de comunicación en México, entró. Gómez siguió atendiéndome sin siquiera voltear a saludar a su jefe.

Habría sido difícil imaginar a un subalterno comportándose de esa manera en los tiempos del difunto padre de Azcárraga. Emilio Azcárraga Milmo era un magnate de los medios, autoritario y carismático, que convirtió a Televisa en un gigante de alcance mundial, cuyas telenovelas sensibleras se han convertido en el principal programa de horario estelar para los televidentes de capitales mundiales tan lejanas como Nairobi y Kuala Lumpur. Fue uno de los primeros empresarios mexicanos en identificar a los millones de residentes de habla hispana de Estados Unidos como un importante mercado del futuro, por lo que Azcárraga Milmo fundó la empresa televisora *Spanish International Network* con 12 estaciones, a principios de los sesenta, con sede en Los Ángeles. Pero luego tuvo que vender la mayor

das sus acciones de la muy rentable cadena, la cual había recibido el nuevo nombre de Univisión, conforme a una ley que limitaba el número de acciones que los extranjeros puede poseer en las estaciones de radio y televisión estadounidenses.

Azcárraga Milmo presumía su patriotismo e hizo todo lo posible por ocultar el inconveniente hecho de haber nacido en San Antonio, Texas. Pero para el invierno de 2003, su heredero, nacido en la ciudad de México, dijo que estaba listo para tramitar la ciudadanía estadounidense si eso ayudaba a impulsar el crecimiento del imperio de Televisa en el interior de Estados Unidos. Una concesión a la conveniencia que me asombró y habría consternado a su muy patriota padre, quien sucumbió al cáncer en el año 1997, a la edad de 66 años. "El mercado más importante para nosotros es el americano, y eso, al final de la historia también, es más seguro", me dijo Azcárraga Jean durante una entrevista exclusiva en febrero de 2003. "Yo estoy muy orgulloso de mi país. (Pero) necesitamos crecer en Estados Unidos, por el camino que sea. Entonces, si la ciudadanía es el camino, pues es el camino."

Más que cualquier otra cosa, fue esa afirmación espontánea por parte de uno de los magnates más ricos de México la que sembró la semilla de la idea de este libro. La dinastía Azcárraga no tiene ninguna razón para albergar algún sentimiento de simpatía o amistad hacia Estados Unidos y su gobierno. Después de todo, fue un juez de la Comisión Federal de Comunicaciones, el organismo en Washington que regula los medios electrónicos en Estados Unidos, quien resolvió en 1986 que el número de acciones que tenía el padre de Azcárraga Jean en Univisión violaba una ley de 50 años que limitaba la propiedad por parte de extranjeros de una empresa de radio o televisión estadounidense.

Esa estipulación fue causante indirecta de una de las peores decisiones empresariales de la familia: Azcárraga Milmo respondió a la orden judicial participando en los medios impresos y lanzó un diario deportivo llamado *The National*. La nueva publicación acumuló pérdidas de 100 millones de dólares y cerró sus operaciones 17 meses después de su lanzamiento, en 1990. De aquí mi asombro por la intención manifiesta de su único hijo de solicitar un pasaporte al mismo gobierno que había saboteado los planes de expansión de Azcárraga Milmo en la industria de la televisión estadounidense. (Azcárraga Jean abandonó posteriormente la idea cuando los abogados fiscales le informaron que la adquisición de un pasaporte estadounidense haría que las ganancias a nivel mundial del imperio de Televisa se convirtieran en presa fácil del Internal Revenue Service de Estados Unidos.) Y la búsqueda de Azcárraga Jean del sueño americano no terminó allí: cuando su segunda esposa, Sharon Fastlicht, estaba próxima a dar a luz a su primer hijo en febrero de 2005, el presidente de Televisa la envió a un hospital en San Diego para que el bebé naciera en esa ciudad.

Las actitudes hacia Estados Unidos han sufrido un profundo cambio entre las generaciones más jóvenes de empresarios mexicanos. Un experimentado diplomático estadounidense se asombró con el contraste entre las experiencias de dichos jóvenes y las de sus mayores, durante los cuatro años que estuvo en la embajada de Estados Unidos en la ciudad de México. "Muchos de ellos estudiaron en Estados Unidos y dirigen sus empresas en un ambiente globalizado, y han interiorizado eso", dijo el exembajador de Estados Unidos en México, Jeffrey Davidow. "Mientras a sus padres, el TLCAN y el libre comercio les quitaron los humos, los más jóvenes están mucho más involucrados y dispuestos a hacer los cambios necesarios para que se les considere buenos socios."

Azcárraga Jean y los ejecutivos treintañeros que dirigen Televisa expresaron palabras de admiración para Estados Unidos, que sus padres y abuelos jamás habrían pronunciado en público, mucho menos a un reportero estadounidense. "Claro que todos los ejecutivos de Televisa están muy identificados con la cultura americana", observó el vicepresidente financiero de la empresa, Alfonso de Angoitia. "Yo toda la vida estudié aquí, en el Colegio Americano. Algunos vivieron allá, algunos se educaron allá y otros tienen una relación desde hace años con los Estados Unidos." Cuando le pregunté a Azcárraga Jean cómo se siente al otro lado de la frontera, hizo una comparación de su propia experiencia como estudiante universitario en San Diego a finales de la década de los ochenta y la moda latina que reina en Estados Unidos actualmente. "El hispano era mal visto, el hablar español era feo", señaló. "Hoy, tú llegas a Nueva York hablando en español, y te entienden. En Miami ya nadie habla inglés. El americano, o habla español o no se entiende. No es que te sientas en casa, pero sí te sientes cómodo."

La tentación del emporio más grande del mundo

Televisa encabeza a un selecto grupo de corporaciones mexicanas importantes que están deshaciéndose de viejas inseguridades mientras se lanzan de modo temerario en el mercado estadounidense. En los 10 años que han transcurrido desde que el TLCAN entró en vigor en 1994, la cantidad de inversión mexicana en Estados Unidos se ha elevado súbitamente de 146 millones a 7 mil millones de dólares, estimulada en parte por el poder adquisitivo ejercido por hispanos nacidos en Estados Unidos y mexicanos inmigrantes. Desde tortillas de maíz hasta discos compactos de música norteña, las empresas mexicanas tienen una posición ideal para complacer los gustos de ese mercado. Televisa cobró 90 millones de dólares en regalías de programación original que vendió a la red de Univisión en el año 2002, y un año más tarde las dos empresas formaron una sociedad para lanzar cinco canales de televisión de paga por cable dirigidos a públicos hispanos y latinoamericanos en Estados Unidos. De acuerdo con ejecutivos de Televisa, alrededor de 40 millones de hispanos y latinoamericanos que viven en Estados Unidos ahora disponen de un ingreso que es por lo menos igual, si no es que mayor, a los 1,068 mil millones de dólares del producto interno bruto anual de México. Frente al estancado índice de crecimiento de la economía nacional durante el gobierno de Fox, el mercado del idioma español en Estados Unidos atrae de tal manera, que podría compararse con una versión del siglo XXI del mítico El Dorado, que con tanta avidez buscaron los conquistadores españoles. "El crecimiento de la economía (mexicana) va a ser mucho más lento, por lógica, al crecimiento que van a dejar los hispanos del otro lado", dijo el jefe de la división de noticias de Televisa, Bernardo Gómez. "En Estados Unidos es la minoría más importante."

Algunas empresas mexicanas competían con éxito en Estados Unidos mucho antes de los albores de la era del TLCAN, pero no le deben sus primeros éxitos exclusivamente, o ni siquiera primordialmente, a los inmigrantes mexicanos y los estadounidenses hispanos. El tequila José Cuervo ha estado en los anaqueles de las licorerías de Estados Unidos durante décadas, pero hasta fines de la década de los noventa, la empresa no tenía una campaña publicitaria dirigida de manera específica a la comunidad latina en Estados Unidos. La cervecería Modelo de la ciudad de México contrató al cantante de musica pop de los Florida Keys, Jimmy Buffet, en la década de los noventa, para promocionar su cerveza Corona Extra, y la inmensamente fructífera campaña publicitaria permitió a la cerveza de sabor mediocre desplazar a Heineken como la cerveza importada de mayor venta al norte de la frontera. No obstante, los bebedores a los que se dirigía eran en su mayoría estudiantes universitarios y *yuppies* blancos que no eran hispanos.

Las experiencias de las empresas mexicanas en el mercado de Estados Unidos no han sido todas afortunadas. Grupo México adquirió la empresa minera estadounidense Asarco y su subsidiaria Southern Peru Copper Co. en 1999, precisamente cuando los precios de las materias primas empezaron a bajar. El legendario toque de Midas de Carlos Slim lo abandonó cuando compró la cadena minorista de productos de cómputo CompUSA, que perdía dinero y la vio perder todavía más. El presidente de Cemex, Lorenzo Zambrano, concibió ambiciosos planes de entrar a la industria cementera estadounidense poco después de asumir el cargo de presidente de la empresa, en 1993. No obstante, dichos planes se toparon con un obstáculo imprevisto cuando el Departamento de Comercio de Estados Unidos impuso exorbitantes aranceles anti-*dumping* a las exportaciones de cemento mexicano, y Zambrano desvió su atención hacia España, con el fin de hacer sus primeras adquisiciones importantes allende los mares.

Pero el TLCAN cambió las reglas del juego, y en el año 2000 Zambrano concluyó la adquisición en 2.8 mil millones de dólares de la compañía cementera más grande de Estados Unidos,

Southdown, con sede en Houston. La empresa de bebidas de fruta Jumex, ubicada en la ciudad de México, ha triplicado sus ventas a los consumidores estadounidenses desde 1993, y sus principales ejecutivos esperan ansiosamente el día en que su popular línea de néctares y jugos tropicales pueda embotellarse en su totalidad en el interior de Estados Unidos, con el fin de reducir los costos de embarque. "El TLCAN tuvo un efecto muy positivo en todo el sentido de la palabra", dice el director general de Jumex, Marcelo Rivero. "Fomentó una mayor aceptación de los productos mexicanos y facilitó su comercialización."

Indicios de una paulatina americanización son comunes en las oficinas corporativas. Las oficinas centrales del conglomerado de Grupo México y la fabricante de harina de maíz Maseca tienen conmutadores bilingües automatizados. Los ejecutivos encargados del reclutamiento en Cemex ni siquiera toman en cuenta a candidatos mexicanos interesados en cargos importantes que no hablan el inglés con fluidez. Recuerdo muy bien una llamada telefónica que hice a las oficinas centrales de la subsidiaria mexicana de Kimberly-Clark a finales del invierno de 2003, mientras George Bush se preparaba para invadir Irak. Dejé un mensaje con la secretaria del presidente mexicano de la empresa, Claudio X. González. Conforme a mi experiencia como corresponsal del *Newsweek* en la ciudad de México a mediados de la década de los ochenta, nunca pensé que responderían a mi llamada e hice planes para volver a llamar el día siguiente. Para mi asombro, González me llamó en un par de horas, y procedió a explicarme por qué el representante del gobierno de Vicente Fox en el Consejo de Seguridad de las Naciones Unidas debía respaldar públicamente la determinación manifiesta del gobierno de Bush de derrocar a Saddam Hussein.

151

LA HEREDERA Y EL EMBAJADOR

El amartelamiento de la elite empresarial mexicana con Estados Unidos no conoce límites. Logró quizás su apoteosis máxima en enero de 2005, cuando la embajada de Estados Unidos en la ciudad de México anunció el compromiso del enviado mexicano-estadounidense Tony Garza con la heredera de la cervecería Modelo, María Asunción Aramburuzabala. En otra época, esa noticia podría haber propiciado una avalancha de notas periodísticas negativas que cuestionaran la lealtad patriótica de la mujer más rica de México. No ahora, a principios del siglo XXI: si bien un artículo de portada de la revista *Proceso* calificaba la noticia de su compromiso como un "matrimonio por conveniencia", otras notas de medios de la ciudad de México coronaban a Garza y Aramburuzabala como "la pareja dorada" y afirmaban que su matrimonio sin duda sería "la boda del año". "Por fin una buena noticia", escribió con efusividad la columnista Guadalupe Loaeza en las páginas de opinión de *Reforma*. "Por fin algo agradable, bonito, pero sobre todo, romántico. ¡Hallelujah, hallelujah! ¿Te imaginas lo que esto significa, lo que esto simboliza y la trascendencia que puede tener para dos pueblos amigos, dos vecinos que a veces tienen sus rencillas, pero que en el fondo se adoran?" Uno de los analistas de temas internacionales más respetados utilizó un lenguaje menos florido para describir el significado de las próximas nupcias. "Refleja la nueva realidad de las relaciones entre México y Estados Unidos", dijo Rafael Fernández de Castro, editor de la revista trimestral *Foreign Affairs en español*, en una entrevista con *The Chicago Tribune*. "Estamos tan entrelazados, no veo ningún conflicto de interés."

En la fiesta de bodas, con duración de tres días, que la heredera y el embajador celebraron en Valle de Bravo, abundaron el estilo y el simbolismo estadounidenses. Laura Bush vino a las festividades, y los recién casados sirvieron a sus invitados un banquete al aire libre al estilo Texas. A los hombres se les invitó a participar en una ronda de golf con el embajador mientras sus esposas y novias podían ir a pasear por las colinas sobre el valle con la resplandeciente novia. Esa misma semana me dirigí al norte a Monterrey para la boda del soltero más codiciado de esa ciudad, el joven magnate azucarero Alberto Santos Boesch. El evento fue mucho más tradicional; se inició en una iglesia católica en las afueras de la ciudad y concluyó en un parque de diversiones recientemente inaugurado que pertenece al multimillonario padre de Santos. En la invitación se estipulaba que era necesario llevar traje smoking y vestido formal de noche, pero la celebración tuvo un toque inconfundiblemente estadounidense: una espectacular función de fuegos artificiales de 10 minutos de duración digna de una celebración del 4 de julio en los cielos de Washington, D. C.

EL ITAM Y LA TECNOCRACIA MEXICANA

La evolución de la política económica de México ha trazado un curso claramente americanizado en las décadas recientes. El nacimiento del Instituto Tecnológico Autónomo de México (ITAM), como una institución privada, fue el principal incubador de la ideología neoliberal del país y un parteaguas en ese proceso. Fundado por grupos empresariales privados en 1946, como alternativa de la enseñanza de la economía en la Universidad Nacional Autónoma de México (UNAM), el ITAM tuvo un comienzo modesto como lóbrega escuela nocturna. Su perfil empezó a elevarse después de que el ITAM lanzó un nuevo programa de economía en 1965, que seguía el modelo de programas similares en universidades extranjeras. El director de la Escuela de Economía del ITAM era Gustavo Petricioli, un funcionario del Banco de México que estudió en Yale y que más tarde fungió como Secretario de Hacienda en el gobierno de Miguel de la Madrid. Bajo la dirección de Petricioli, los estudiantes de economía del ITAM adquirieron un conocimiento profundo de la teoría económica ortodoxa y se les exigió que tomaran dos años completos de cursos de inglés. A medida que el clima político de la UNAM se radicalizaba cada vez más en la década de los sesenta, y los requisitos de admisión menos rigurosos provocaban el incremento del número de alumnos inscritos, el ITAM se convirtió en una institución elitista que cobraba colegiaturas muy por encima de las posibilidades de las familias de clases bajas, y que exigía la asistencia de tiempo completo por parte de sus alumnos. El programa de economía del ITAM se especializaba en teoría monetaria fundamentada en los ensayos del economista estadounidense conservador Milton Friedman, y a los alumnos sobresalientes se les recomendaba para estudios de posgrado en la University of Chicago, en donde Friedman impartía sus clases.

La transformación del ITAM contó con el respaldo absoluto del Banco de México. Dentro del Estado mexicano, el banco central adquirió un grado importante de autonomía a lo largo de las décadas de los cincuenta y sesenta, y dentro de su escalafón se encontraban algunos funcionarios que habían estudiado en universidades de Estados Unidos con becas proporcionadas por el Banco de México desde la década de los cuarenta. Tal vez el funcionario con mayor influencia en este contexto era Leopoldo Solís, egresado de la UNAM, quien obtuvo una licenciatura en economía en Yale en 1959, mediante una beca del Banco de México, y más tarde ocupó el puesto de director del departamento de estudios económicos del banco central. Solís decidió enseñar economía en el ITAM y el Colegio de México en vez de hacerlo en la UNAM, dominada por grupos de izquierda, y entre sus protegidos estaban Francisco Gil Díaz (quien más adelante fungiría como secretario de Hacienda en el gobierno de Vicente Fox), Miguel Mancera (futuro director del Banco de México) y el joven Ernesto Zedillo. "Durante la década de los sesenta y setenta, el programa de economía del ITAM se volvió profundamente americanizado", escribió la socióloga estadounidense Sarah Babb en su libro *Managing Mexico: Economists from Nationalism to Neoliberalism*. "La fuente de esta americanización no eran los empresarios que financiaron el ITAM y ocupaban un asiento en su consejo de dirección, sino más bien el banco central mexicano. Fue principalmente a través del Banco de México que se transmitieron los nuevos modelos extranjeros al ITAM en la década de los sesenta y setenta."

Esta tendencia americanizante no fue aplaudida de manera general por los economistas mexicanos de mayor edad. Esta generación había sido educada con los modelos proteccionistas de desarrollo económico que favorecían el gasto gubernamental como estímulo saludable para el crecimiento. "Es fácil enviar a la gente a estudiar a Estados Unidos", le dijo Consuelo Meyer L'Epee a Babb en una entrevista realizada en 1996. "El problema es que regresan creyendo que México es Estados Unidos. Yo estudié para ser una economista que sirva a mi país." Una afirmación similar expresó Jesús Silva Herzog, quien fungió como secretario de Hacienda en el primer gabinete de Miguel de la Madrid, pero luego renunció en protesta por las rigurosas políticas de austeridad del presidente. En un libro publicado en 1967 con el título de *A un joven economista mexicano*, Silva Herzog lanzó una cáustica advertencia a las futuras generaciones de directivos mexicanos: "El economista oriundo de un país en desarrollo… quien sigue lo escrito por un autor extranjero al pie de la letra… se parece al sirviente que imita de un modo grotesco los finos modales de su amo."

Un proceso paralelo de americanización ocurrió en los más altos escalafones del sector privado mexicano. Las familias más acaudaladas de Monterrey empezaron a enviar a sus hijos a las universidades estadounidenses desde la segunda década del siglo XX. El Massachussets Institute of Technology (MIT) era particularmente el favorito de capitalistas regiomontanos como Andrés Marcelo Sada, quien se inscribió en el MIT en 1947, y posteriormente fue presidente del Grupo Cydsa. Otro ejemplo es Dionisio Garza Medina, de 51 años de edad, presidente y director general del conglomerado Alfa de Monterrey, quien obtuvo licenciaturas tanto de Stanford como de Harvard. "A diferencia de muchos capitalistas mexicanos que se forjaron por sí solos, este capitalista global más joven tiene una buena instrucción, con posgrados en administración de empresas e ingeniería", escribió el académico estadounidense Roderic Ai Camp en su libro publicado en el año 2002, *Mexico's Mandarins: Crafting a Power Elite for the Twenty-First Century*. "Muchos de estos capitalistas jóvenes, similares al prototipo del tecnócrata en la elite del poder político, han estudiado en universidades norteamericanas, por lo general en las del noreste de Estados Unidos. Sus estudios de posgrado en estos programas académicos, y su residencia en Estados Unidos, les permitieron compartir experiencias de socialización y redes de trabajo".

La importancia de la maestría en administración de empresas cursada en Estados Unidos

Hay, por supuesto, unas cuantas excepciones notorias a esta regla general. Emilio Azcárraga Jean no tiene un solo título universitario con su nombre, luego de haber abandonado sus estudios en una serie de universidades antes de incorporarse a las filas ejecutivas del grupo Televisa de la familia. Pero una maestría en administración de empresas de una universidad estadounidense de la más alta categoría se ha convertido en una referencia casi indispensable para los que aspiran a ser ejecutivos de empresa. Rodrigo Becerra Mizuno era alumno del primer año en la Facultad de Administración de Empresas Amos Tuck de Dartmouth cuando le pedí una opinión sobre su alma mater, Boston University (BU), que resultó ser la universidad que mi hija Claire había elegido en primer lugar para estudiar.

Cuando Becerra empezó a solicitar su ingreso a las universidades en el otoño de 1993, el TLCAN estaba a unos meses de entrar en vigor durante el gobierno del entonces presidente Carlos Salinas de Gortari, y ese fue un factor determinante en su decisión de inscribirse en una universidad de Estados Unidos para cursar sus estudios. "Elegí BU porque México estaba experimentando muchos cambios con Salinas, y todos estos tipos de su gobierno eran personas que habían estudiado, como él, en importantes facultades del noreste de Estados Unidos", me explicó. "Sentí que se abrirían muchas oportunidades que

157

iban a estar más cerca de Estados Unidos y si empresas estadounidenses empezaban a establecerse en México, preferirían tener
a mexicanos que hubieran estudiado en Estados Unidos."

Becerra pensó que tenía buenos contactos por ser hijo de
un abogado que había trabajado en Televisa durante la dirección
del padre de Azcárraga Jean. Pero, como se dio cuenta cuando se
graduó de la Boston University, en 1998, el título de una universidad estadounidense no se traduce automáticamente en la
clase de puesto atractivo en el servicio público que Becerra am-
bicionaba. "Cuando regresé a México, no conocía a nadie y no
había mucha diferencia en los sueldos pagados a alguien con
una licenciatura en Estados Unidos y a alguien con una licenciatura en México", recordó. "El valor que le conferí a mi licenciatura de la BU tal vez no era tan alto como creí."

Becerra pasó dos años trabajando en el sector privado mexicano antes de conseguir, por fin, un empleo en el gobierno en
el año 2000, como asistente del jefe de personal del secretario
de Hacienda y Crédito Público del gobierno de Fox, Francisco
Gil. Durante sus cuatro años en Hacienda, Becerra observó que
casi todos los asistentes de Gil habían estudiado en el ITAM, y
muchos habían estudiado después una maestría en una universidad estadounidense. Llegó a la conclusión obvia. "Me di cuenta
de que los títulos que se valoraban más eran las maestrías y doc-
torados, y empecé a sentir la presión de ser el único sin estudios
de posgrado", recordó Becerra. "Para conseguir un ascenso, tienes que demostrar que podrías conseguir un título de posgrado
en una escuela elitista. El proceso de selección es muy estricto en
comparación con un programa mexicano, y en verdad les gusta
la gente que pasa por ese proceso. Es como demostrar que eres lo
suficientemente bueno como para trabajar con el equipo."

Becerra presentó su solicitud de ingreso a 10 facultades de administración en Estados Unidos y eligió la Tuck School de Dartmouth para cursar sus estudios de posgrado. No le tomó mucho tiempo descubrir lo atractivo que un joven mexicano con una maestría en una importante universidad estadounidense ha llegado a ser para el sector privado de su propio país. La oficina en México del grupo consultor internacional McKinsey envía reclutadores a Nueva York cada año en busca de dichos candidatos, y Cemex correrá con los gastos de los estudios de un empleado prometedor que consiga entrar a una prestigiada facultad de administración de empresas como Stanford o Harvard. "El problema que tuve de relaciones de trabajo cuando terminé mi licenciatura no lo tendré cuando termine mi maestría en Tuck", predice Becerra.

La reciente promulgación de nuevas leyes de administración corporativa en Estados Unidos como la ley Sarbanes-Oxley, aumentarán todavía más el atractivo de un recién egresado de la maestría en administración de empresas como Becerra, de 30 años. Una de las estipulaciones de la ley exige que las empresas extranjeras que cotizan en la Bolsa de Estados Unidos intensifiquen los controles de fraude interno o, de otro modo, enfrentarán posibles sanciones legales por parte de los órganos reguladores del gobierno de Estados Unidos. La importancia de acatar estos nuevos requisitos quedó de manifiesto en enero de 2005, cuando la Comisión de Bolsa y Valores (SEC, por sus siglas en inglés) presentó varias acusaciones de fraude civil en contra del controvertido magnate mexicano de los medios, Ricardo Salinas Pliego. La SEC acusó al presidente de TV Azteca y a dos de sus ejecutivos de alto nivel de tratar de ocultar enormes utilidades por 109 millones de dólares que Salinas Pliego presuntamente hizo por comprar deuda a precios con un fuerte descuento de una subsidiaria de telefonía celular de Azteca llamada Unefon. El juicio civil de TV Azteca fue uno de los factores que motivaron a Becerra a aprender más sobre asuntos de dirección corporativa, y pasó el verano entre su primero y segundo año en la escuela de administración de empresas trabajando de interno en las oficinas de Washington del International Business Ethics Institute. "A medida que evolucionan las empresas mexicanas y surgen nuevas corporaciones, tendrán que aprender las reglas del juego en Estados Unidos y acatar dichas regulaciones", observa Becerra. "Aquellos que no lo hagan, perderán acceso al mercado de capitales más grande del mundo, la Bolsa de Nueva York."

REFORMA Y LA PRENSA MODERNA MEXICANA

Mi reencuentro con México en junio del año 2000 después de una ausencia de 12 años estuvo lleno de reveladoras sorpresas. Ninguna sobresale de manera más vívida que el momento en que levanté un ejemplar del periódico *Reforma* por primera vez. En términos visuales, el periódico distaba mucho de los diarios monocromáticos y aburridos que yo leía en la ciudad de México durante la década de los ochenta. El llamativo uso del color y la atractiva presentación de las notas me hicieron pensar en la primera plana del *USA Today*, el impresionante grupo de acreditados columnistas evocaba las páginas editoriales de *The New York Times*, y la extensión de las secciones que cubrían todo, desde noticias financieras y mundo del espectáculo hasta moda y comida, me recordó el voluminoso contenido del periódico de mi ciudad natal, *Los Angeles Times*. Todo en *Reforma* se parecía a un periódico de vanguardia de una gran ciudad de Estados Unidos.

La aparición de *Reforma* constituyó un auténtico hito en la historia de la prensa de la ciudad de México de un modo que iba mucho más allá de la mera parte cosmética. *Reforma* fue creación de Alejandro Junco de la Vega, egresado de la Universidad de Texas, hijo de una familia de Monterrey dedicada a la edición de diarios que es propietaria del condecorado periódico *El Norte*, y de Ramón Alberto Garza, el editor de *El Norte* que inició su destacada carrera en el periodismo como reportero a la edad de 17 años. *Reforma* se concibió originalmente como un negocio conjunto entre la familia Junco y Dow Jones, la empresa matriz de *The Wall Street Journal*, que combinaría la reconocida labor informativa de noticias financieras del socio estadounidense con la reputación de ejercer un periodismo político independiente que se había convertido en el sello distintivo de *El Norte* desde que Alejandro y su hermano Rodolfo heredaron el periódico en 1973. La sociedad propuesta con Dow Jones se redujo después al inicio de un servicio de noticias, y el periódico hizo su debut en la ciudad de México como propiedad exclusiva de la familia Junco el 20 de noviembre de 1993.

Junco y Garza habían reunido un impresionante récord de rentabilidad y excelencia editorial en *El Norte*. Cuando se convirtió en presidente del periódico a la edad de 24 años, Junco se hizo cargo de un diario matutino de modesta reputación periodística con un tiraje de alrededor de 40,000 ejemplares. A principios de la década de los ochenta, *El Norte* llegó a ser el primer periódico de provincia que abría una oficina de noticias en la ciudad de México, una astuta decisión que se vio recompensada con creces cuando se convirtió en el único periódico mexicano que recibía premios importantes por su cobertura del temblor de septiembre de 1985, en el que murieron unas 20,000 personas. Bajo la dirección conjunta de Junco y Garza, quien fue nombrado jefe de redacción en 1982, *El Norte* alcanzó una penetración del 90% en el mercado de periódicos de la ciudad, y aumentó su base de suscriptores a más de 150,000. Sin embargo, muchas personas en la ciudad de México se preguntaban si la fórmula que había funcionado tan bien para los Junco en Monterrey daría buenos resultados en la capital del país. Una de ellas era Rossana Fuentes Berain, la editora de finanzas del respetado periódico *El Financiero* y que en un inicio rechazó la invitación de Garza de incorporarse a *Reforma* durante los primeros seis meses de su existencia. Otro era Lorenzo Meyer, el tan citado historiador del Colegio de México que posteriormente llegó a ser uno de los muchos columnistas respetados a quienes Garza se llevó del *Excélsior, La Jornada* y otros rivales para afianzar el prestigio de *Reforma* durante sus primeros meses de funcionamiento. "A mí me tocó estar en reuniones donde personas del Distrito Federal nos preguntaban abiertamente por qué nos veníamos a México para fracasar rotundamente", dice Lázaro Ríos, originario de Monterrey que trabajó muy de cerca con Garza para iniciar el periódico y ha permanecido en el puesto de director general editorial de *Reforma*. "Lo cual lo agradecemos mucho, porque los demás diarios se quedaron en donde estaban y no se movieron."

PRUEBA DEFINITIVA DE FUERZAS

El episodio que convenció a los chilangos escépticos de la determinación de los advenedizos regiomontanos de producir un periódico auténticamente independiente en la ciudad de México tuvo lugar en el primer aniversario de su fundación. El 20 de noviembre de 1994, el sindicato de voceadores de la capital, controlado por el PRI, prohibió a sus agremiados vender el diario, una acción interpretada de manera generalizada como un castigo del gobierno saliente del presidente Carlos Salinas de

Gortari por los reportajes negativos que había recibido en los 12 meses anteriores. El anunciado boicot no constituyó la primera confrontación de Junco con un presidente autoritario. En 1974, apenas un año después de haber tomado las riendas de *El Norte*, Pipsa, el monopolio de papel periódico dirigido por el gobierno, interrumpió el abastecimiento de papel como señal del disgusto de Luis Echeverría con los Junco. En 1982 *El Norte* publicó un encabezado que criticaba al presidente José López Portillo, y la policía federal armada empezó a husmear los alrededores del edificio de *El Norte* en Monterrey y la escuela a la que asistían los hijos de Junco.

Doce años después, el presidente de *Reforma* respondió a la última táctica intimidatoria urdida por el gobierno sacando a las calles de la capital a su esposa, a los reporteros e inclusive a columnistas de la talla de Germán Dehesa, para que vendieran el periódico. Después, Junco contrató a su propio ejército de voceadores, pero cuando algunos de ellos fueron atacados por bandoleros, asignó a estudiantes de fotografía para que acompañaran a los voceadores de *Reforma* y tomaran fotografías de cualquier agresión, las cuales eran publicadas de manera destacada en el periódico. El boicot al final no consiguió impedir que *Reforma* saliera a las calles de la capital, y su credibilidad como un periódico que podía enfrentarse resueltamente a Los Pinos quedó firmemente establecida en la mente del público. "El hecho de que *Reforma* hubiera resistido un intento velado del gobierno de amenazarlo mediante la distribución, se convirtió en un instrumento de mercadotecnia en sí mismo y por sí mismo", recuerda Fuentes, quien se incorporó a *Reforma* en 1994 y formó parte de su personal durante seis años como editor *senior* a cargo de proyectos especiales de investigación y encuestas de opinión. "Después de esa batalla con la distribución, me quedó claro que se convertiría en un periódico que podría retratar el tipo de apertura que la sociedad mexicana ya tenía y con la que estaba comprometida."

Reforma se llamó a sí mismo el Corazón de México, pero desde el principio Garza y Junco tuvieron la intención de crear un periódico que siguiera el patrón de los principales diarios estadounidenses en cuanto al estilo, la esencia e inclusive su política laboral con el personal. *Reforma* adoptó el formato de pliego ancho de los principales periódicos estadounidenses y ofreció a jóvenes periodistas sueldos que estaban entre los más altos de la industria. La estructura de salarios competitivos tenía un doble propósito: atraer a los mejores talentos e impedir que los reporteros aceptaran el "embute" de los pagos en efectivo que distribuían los voceros del gobierno en sobres sellados a periodistas mal pagados a cambio de notas de prensa favorables. Junco y Garza no tenían interés en sacar un periódico que pareciera un portavoz del gobierno, como *Excélsior*, o imitara la postura notoriamente ideológica del tabloide izquierdista *La Jornada*. "Los periódicos del D. F. siempre habían sido europeizados, trabajando por un programa político", explicó Garza. "Buscamos el periodismo basado en hechos. Eso es lo que a la gente le gustaba, y eso es la escuela norteamericana." Al igual que su jefe, Garza había estudiado periodismo en la Universidad de Texas con una beca otorgada por la empresa, y tanto él como Junco habían recibido la fuerte influencia de una profesora de su escuela de periodismo llamada Mary Gardner. Cuando Junco llegó a ser presidente de *El Norte*, invitaba a Gardner a Monterrey en sus vacaciones de verano para que preparara a sus jóvenes miembros del personal en materias más específicas como el reportaje, la redacción y la ética. "*El Norte* era su escuela de verano, y

165

Mary Gardner era una especie de contadora moral para el periódico", afirmó Garza. "Lo que más nos inculcaban Gardner y los Junco eran técnicas muy importantes como el periodismo investigativo, un idealismo pragmático y, quizás lo más importante, la necesidad de trabajar en la sala de redacción como un equipo. Hicimos un *blending* de lo mejor de la prensa norteamericana."

LA PRENSA MEXICANA CAMBIA DE ROSTRO

Junco y Garza también apreciaban la importancia del diseño de un periódico, y conocían al hombre indicado para realizar este trabajo en *Reforma*: Eduardo Danilo Ruiz, un talentoso regiomontano, egresado de Stanford, que fue contratado como director de arte para *El Norte* en 1982, inclusive antes de que obtuviera su título de diseñador gráfico. Con la influencia del *USA Today* y otros periódicos estadounidenses, Danilo introdujo el uso abundante del color en *El Norte*, y los resultados finales captaron la atención de Roger Black, el reconocido maestro de diseño en Estados Unidos, quien actualizó la apariencia de *Newsweek* cuando era el director de arte de la revista a principios de la década de los ochenta. Más tarde, Danilo abandonó *El Norte* para formar un negocio conjunto con Black, con oficinas en Nueva York y Monterrey.

Cuando hacían los preparativos para el lanzamiento de *Reforma*, Junco y Garza reclutaron a Danilo para que trajera un diseño novedoso que distinguiera al instante la nueva publicación de sus competidores en el mercado de la ciudad de México. Danilo aceptó de inmediato la oportunidad. "Junco y Ramón valoran el diseño como un proceso estratégico y una práctica para hacer que un periódico luzca más competitivo y más fácil de leer", me dijo durante una entrevista en su oficina de Monterrey. "Cuando empecé a trabajar en *El Norte*, el periódico ya tenía 45 años y yo tenía que respetar ese estilo. Pero *Reforma* nos dio la oportunidad de reinventar *El Norte*, y era el momento, en la historia del diseño de periódicos, de ofrecer a la industria una nueva definición de cómo debería verse un periódico en la década de los noventa." Ideó una tipografía más delgada con trazos terminales que dieran al periódico un aspecto mucho más moderno que *El Norte*, y el logotipo de *Reforma*, en verde con la fuente *Egiziano*, guardaba un ligero parecido con las letras rojas distintivas de la revista *Newsweek*.

El diseño de *Reforma* fue un éxito instantáneo, tanto a nivel nacional como internacional. La flamante publicación ganó premios de la prestigiada Society of Newspaper Design (Sociedad de Diseño de Periódicos) en 1995, y de nuevo en 1998. Cuando apareció en los puestos de periódicos de la ciudad de México al lado de las primeras planas anacrónicas e insulsas del *Excélsior* y *El Universal*, *Reforma* parecía un pavo real en un escaparate lleno de palomas grises. "Definitivamente hay una influencia estadounidense", dice Danilo, un empresario exitoso que tiene 43 años. "Toda la revolución del diseño de los periódicos ocurrió en Estados Unidos durante la década de los setenta, y en mi trabajo con Roger Black fundamos una filosofía y estilo de diseño que es estadounidense en oposición al europeo. Fuimos el primer periódico en tener secciones semanales de temas especiales, revistas dominicales y suplementos de los estados, y esto evidentemente es una forma estadounidense de organizar un periódico. Era totalmente diferente a cualquier periódico de la ciudad de México."

Ningún otro individuo ha hecho más por cambiar el aspecto de los periódicos mexicanos que Eduardo Danilo. Inmediatamente después de su éxito con el diario en la ciudad de México, en 1996 Junco le pidió a Danilo que rehiciera la apariencia de *El Norte* y diseñara un nuevo periódico que el magnate de los medios en Monterrey abrió en Guadalajara dos años después, llamado *Mural*. Proporcionó un servicio similar para el tabloide de la ciudad de México *Diario Monitor*, y cuando Ramón Alberto Garza dejó *Reforma* por una agria disputa financiera con Junco, y posteriormente se convirtió en vicepresidente editorial del rival *El Universal* en junio de 2002, recurrió una vez más a Danilo. En las primeras tres semanas de su llegada a *El Universal* Garza dio a conocer un nuevo diseño, aunque sus ambiciosos planes de darle al periódico un aspecto incluso más audaz que el de *Reforma* nunca se pusieron en marcha por completo porque Garza fue expulsado de *El Universal* debido a una lucha interna de poder, apenas ocho meses después de incorporarse al diario.

Más que un periódico, *Reforma* es una marca

Reforma tiene sus críticos, y algunos ex-empleados creen que el periódico ha perdido el dinamismo y la chispa de sus primeros años. Su inclinación de centro derecha y el origen regiomontano de sus dueños dejan el periódico abierto a sospechas de que alberga una agenda secreta pro-estadounidense, una acusación que los editores de *Reforma* niegan rotundamente. En cierto modo puede ser notablemente provinciano para ser una publicación considerada de manera generalizada como el principal periódico de una de las ciudades capitales más grandes del mun-

do: hasta hace poco las noticias internacionales estaban regular-
mente sepultadas al final de la primera sección, y sólo en raras
ocasiones una noticia extranjera que no tenga nada que ver con
México encabeza la primera plana. En todo caso, los artículos de
Reforma sobre noticias estadounidenses son especialmente sombríos y la mayoría son de Washington o Nueva York. (Cuando
el periódico introdujo un nuevo diseño en el 12º aniversario de
su fundación el 20 de noviembre de 2005, la edición dominical
llevaba una nueva sección de 16 páginas dedicada exclusivamente a noticias internacionales, pero su contenido consistía en
gran medida en artículos de agencias de noticias.) En su libro
publicado en el año 2004, *La Prensa de los Jardines: Fortalezas y
debilidades de los medios en México*, Raymundo Riva Palacio habló sin reticencia sobre el periódico en el que alguna vez trabajó
como columnista y director del equipo de reporteros de investigación. "Enfocó mejor su estrategia mercadológica, con un
elemento muy criticable, que fue la subordinación de la información a la publicidad", escribió Riva Palacio. "Más que un periódico, *Reforma* es una marca."

Una ex-empleada de *Reforma* coincide. "Es justo decir que
es un periódico *yuppie*", afirma Rossana Fuentes, ahora subedi-
tora de la revista trimestral *Foreign Affairs en español*. "Lo será cada
vez más conforme la población mexicana esté más y más divi-
dida en diferentes sectores de consumo y los anunciantes bus-
quen esos sectores con el ingreso más disponible y no el público
en general." El director editorial de *Reforma*, Lázaro Ríos, reconoce abiertamente que el periódico está dirigido sobre todo a
los lectores que tienen un nivel de instrucción alto en el extremo superior de los estratos sociales de la ciudad capital, y de
acuerdo con Riva Palacio, *Reforma* no es el único periódico im-

portante de la ciudad de México al que se le puede acusar de comercialismo desenfrenado. Culpa a su actual patrón, *El Universal*, de sucumbir a la misma tentación. "Estos dos periódicos parecen haber caído en una de las grandes paradojas de la prensa, ya que el apoyo financiero de los anunciantes privados ha subvertido sus valores políticos y económicos", sostuvo Riva Palacio. "El grueso de sus contenidos está dedicado al entretenimiento, entendido como la cobertura policial de los asuntos públicos."

Dicho esto, Riva Palacio agradece los extraordinarios avances que *Reforma* y un pequeño grupo de otros medios impresos han hecho en la creación de una prensa verdaderamente independiente en México. "De cualquier manera", escribió, "*Reforma* se unió a un conjunto de publicaciones como *La Jornada*, *El Financiero* y *Proceso*, por ubicar el análisis en el Distrito Federal, que durante los ochenta y los noventa han mantenido una línea editorial independiente, persistente y sistemática que contribuyó enormemente a un cambio de percepciones entre el electorado." Y su fórmula para el éxito comercial evidentemente está funcionando, dada la enorme cantidad de anuncios que colman las diversas secciones de *Reforma*. En lo que se refiere al resultado final, parecería que los Junco han cumplido la visión de William Orme, Jr., en otros tiempos corresponsal extranjero en la ciudad de México y director ejecutivo del *Committee to Protect Journalists* (Comité para Proteger a Periodistas), quien escribió en 1997 en el prólogo de un libro publicado sobre la prensa mexicana: "Varios editores, radiodifusores y cadenas de televisión importantes han descubierto que la independencia editorial no sólo es posible sino también rentable. Y eso es potencialmente revolucionario."

Aspecto Americanizado, Contenido Mexicano

La influencia estadounidense en la prensa mexicana data de los primeros años del siglo XX. La fundación de *El Universal* y el *Excélsior* en 1916 y 1917, respectivamente, se considera de manera generalizada como el amanecer de la era moderna del periodismo mexicano, y ambos periódicos abrieron nuevos horizontes cuando publicaron artículos del servicio telegráfico provenientes de la agencia norteamericana *The Associated Press.* Los nuevos diarios de la ciudad de México copiaron la estructura de la pirámide invertida de los artículos noticiosos que prefieren los diarios norteamericanos y copiaron muchos aspectos del *The New York Times*, desde la tipografía distintiva de su nombre hasta la disposición que rutinariamente atestaba la primera plana con reseñas de veinte artículos. Rodrigo de Llano, durante mucho tiempo editor de *Excélsior*, vivía seis meses al año en Nueva York, y durante los años que dirigió el periódico incluyó en éste relatos que proporcionaba el servicio de noticias de *The New York Times*.

Pero del mismo modo que el diseño de inspiración estadounidense de *Excélsior* no acabó impidiéndole al periódico convertirse en un órgano mal disfrazado de los gobiernos priístas, algunos periodistas mexicanos cuestionan hasta qué punto las influencias norteamericanas han penetrado a la prensa nacional para la cual trabajan. El autor y periodista Jenaro Villamil escribe a menudo para la revista *Proceso* sobre los medios noticiosos mexicanos, y cita a *El Financiero* como el mejor ejemplo de un diario moderno que ha logrado seguir el modelo de una publicación estadounidense. Durante su apogeo, a principios de la década de los noventa, *El Financiero* combinó la cobertura especializada de las noticias financieras y de negocios con una manera independiente de informar sobre la política. Sin embargo, permanecen algunas publicaciones como *Proceso* para la que trabaja Villamil, que no guardan prácticamente ningún parecido con sus contrapartes norteamericanas. En otros casos, las similitudes con los periódicos y revistas de Estados Unidos tienen menos que ver con el contenido real que con el diseño y el orden de organización. "Se piensa que la americanización de los medios es copiar el avance tecnológico, los diseños, los formatos, las notas breves y la alta calidad de impresión" dice Villamil. En su opinión, la prensa mexicana moderna refleja la dinámica de la americanización de la sociedad en su conjunto. "La americanización de la sociedad se ha dado en las formas y los gustos, pero en el núcleo principal de la identidad mexicana sigue siendo una identidad muy particular. Los medios mexicanos reflejan esa tensión. En términos formales son muy parecidos a los norteamericanos, pero en términos de contenido siguen siendo muy mexicanos. *Reforma* está muy inspirado en *The Miami Herald* como un periódico de buena imagen e impresión. Pero es como un periódico municipal con agenda de ciudad, que publica notas sobre drenaje, caos vial y baches en las calles."

EL IMPULSO ANTI-GRINGO

De alguna forma, la mayor parte de la prensa mexicana sigue funcionando como un altoparlante del sentimiento anti-estadounidense persistente, y el pararrayos favorito de ese resentimiento es, por virtud de su posición, el embajador de Estados Unidos en funciones. Ese es en gran parte el legado de Henry

Lane Wilson, el despiadado enviado de Estados Unidos que respaldó en secreto el sangriento golpe de Victoriano Huerta en contra de Francisco I. Madero en 1913, y luego ignoró las súplicas de la esposa del presidente constitucional para que persuadiera a Huerta de salvar la vida de Madero. En fecha más reciente, casi todos los embajadores de Estados Unidos han tratado de actuar con más discreción y profesionalismo. Pero ha habido excepciones notables como el caso del actor de cine John Gavin, quien fue nombrado para ese puesto por Ronald Reagan, y quien se comportó como un procónsul jactancioso durante gran parte de los cinco años que permaneció en la ciudad de México.

Gavin era un blanco fácil para los medios de prensa del país, pero inclusive los diplomáticos de carrera con un sentido más matizado de cómo funcionan las cosas en el país, han sido tratados con dureza en las páginas de la prensa mexicana. En su libro *El Oso y El Puercoespín*, Jeffrey Davidow recordó la fotografía que apareció en los periódicos de la ciudad de México a la mañana siguiente después de que presentara sus credenciales ante el presidente Ernesto Zedillo en 1998. "Una nota amarga hizo las delicias de los editores gráficos: un sonriente presidente Zedillo fuertemente asido a mi brazo", escribió el alto y corpulento ex-diplomático. "Si bien no era más que un gesto amistoso, la disparidad de estaturas hizo que, al parecer, el altísimo nuevo embajador estadounidense estuviera a punto de levantar al presidente mexicano como si fuera un niño, o mejor dicho, un títere."

Davidow aprendería pronto que cualquier frase que pronunciara sería considerada digna de publicarse por los reporteros mexicanos. La noche de la ceremonia del tradicional grito

173

de Dolores en el Palacio Nacional en septiembre de 1998, Davidow era uno de los muchos diplomáticos presentes que escucharon a la inmensa multitud en el zócalo estallar en gritos desaforados de "¡Viva!" después de las palabras de Zedillo esa noche. El embajador de Estados Unidos volteó hacia uno de sus colegas del cuerpo diplomático y en broma le dijo que el discurso del presidente se estaba convirtiendo en uno de los más logrados del año. Un reportero alcanzó a oír a Davidow y no hizo caso de los reclamos del embajador de que el comentario era un inocente chiste en confianza. El periodista publicó un artículo en el que acusaba a Davidow de haber insultado al presidente, a la Guerra de Independencia y a todos los demás iconos nacionales mencionados esa noche, y un comentarista del tabloide de izquierda *La Jornada* reprendió al embajador por "la falta de respeto de Estados Unidos a un discurso tradicional que da un débil presidente de una nación subordinada". Davidow atribuyó el episodio en parte a su propio descuido, pero inclusive sus respuestas más cuidadosamente expresadas a las preguntas de los reporteros podían ser distorsionadas o citadas erróneamente. "Era blanco de reporteros maliciosos, editores hostiles y cartonistas, que recibieron la llegada de un embajador gringo, con exceso de peso y de dos metros de estatura, como un regalo equiparable a una dotación gratis de lápices de colores durante toda la vida", señaló Davidow en sus memorias.

Y este trato especial no terminó cuando concluyó su misión de embajador de Estados Unidos en México, y se retiró del Departamento de Estado. En su calidad de presidente del Instituto de las Américas, con sede en San Diego, Davidow fue invitado a presidir un debate de altura con los tres principales candidatos presidenciales del país en la convención anual de la

American Chamber of Commerce of Mexico en noviembre de 2005. La primera plana de la edición de *El Universal* del siguiente día mostraba una fotografía del fornido estadounidense con la mano extendida que cubría la boca y la mejilla derecha del candidato del Partido Acción Nacional, Felipe Calderón, como si Davidow estuviera a punto de darle una sonora palmada al diminuto mexicano. El pie de la fotografía decía: "Encuentro".

SE HABLA INGLÉS

Cuando empecé a leer por primera vez la columna diaria de Marcela Gómez Zalce en el periódico *Milenio*, supuse que era chicana igual que yo, o que era una ciudadana mexicana que había pasado una gran parte de su vida en Estados Unidos. La columna "A Puertas Cerradas" está salpicada de frases en inglés y términos que exigen una enorme fluidez en la lengua extranjera para comprenderse por completo. Una columna típica del ejemplar de *Milenio* del 22 de noviembre de 2005 desarrollaba un artículo sobre los escándalos que envuelven a la familia del presidente Fox, en el que se leía lo siguiente: "Porque ya de lleno en el fervor de las campañas electorales del próximo año, mi estimado, la familia presidencial (de ambos lados) *et some eccentric associates* será escandaloso tema para la inmisericorde guerra de lodo, pues. Y si Marta, *my friend*, le entrega su arsenal (y confianza) a quien lo va a utilizar, como diría una clásica magisterial, como ficha de cambio y de acuerdo con las necesidades políticas del momento, *this blue story will have a black and white stripes ending... so wake up girl!*" Así planteó la columnista la posibilidad de que algún miembro de la familia presidencial pudiera terminar preso, pero un lector que no domine el inglés no podría haber captado el sentido completo de la nota.

La columna tiene poco en común con las que escriben periodistas mexicanos más tradicionales como Miguel Angel Granados Chapa. Socia fundadora de la empresa mexicana de promoción de conciertos y entretenimiento en vivo, CIE, Marcela nunca había trabajado en el ámbito de la prensa cuando en el año 2003 propuso a un amigo del Grupo Milenio la idea de escribir una columna para la revista semanal de la empresa, que lleva el mismo nombre. Escrita en un estilo pícaro y de chisme, la columna de Marcela salta de un tema a otro sin ningún patrón o lógica particular, y su combinación distintiva de español e inglés imita la manera bilingüe de hablar de los *yuppies* cosmopolitas de la ciudad de México. Por lo tanto, me quedé muy sorprendido cuando me enteré que Marcela nunca ha vivido al norte de la frontera por un periodo prolongado. Creció hablando inglés en un hogar multilingüe de la ciudad de México, y como alumna de la Universidad Iberoamericana, Marcela pasó cinco veranos tomando cursos en Texas A&M y la Universidad de California en Los Ángeles, durante la década de los ochenta. Pero aparte de tener una madre que pasó los primeros ocho años de su vida en la ciudad de Nueva York, donde el abuelo de Marcela se había preparado como oncólogo, no había nada en su pasado que pudiera explicar el contenido completamente bilingüe y bicultural de sus columnas.

Se mantiene al tanto de las últimas tendencias y rumores de Estados Unidos a través de las maravillas de la tecnología del siglo XXI. "Tengo mi *satellite dish* y estoy en constante contacto con lo que está pasando en los Estados Unidos", afirma Marcela al tiempo que describe su rutina de trabajo cotidiana. "Veo todas las noticias y programas en inglés, y leo todos los diarios norteamericanos en el Internet (*The New York Times, The Wall Street Journal* y *The Washington Post)*". Marcela dice que nunca ha enfrentado ninguna resistencia de sus editores al uso más bien liberal del inglés en su columna. La reacción entre sus lectores se ha dividido sobre todo en términos generacionales. "Tienes al lector que te reclama el uso del inglés, que se percibe como gente con más edad, pero al joven le encanta", sostiene. "Hay una gran cantidad de universitarios y gente que tienen entre 30 y 40 años y que entienden bien mi *slang*."

Ese contraste a la reacción de los distintos lectores de la columna de Marcela habla de un cambio básico de perspectiva entre los jóvenes mexicanos. "Estas nuevas generaciones que vienen ya nacen con un chip diferente en donde el idioma universal es el inglés", sostiene la madre de 42 años que tiene dos hijos pequeños. "Estamos muy cerca de los Estados Unidos, en una época de enorme globalización que no te permite quedar alienado de todo este proceso de americanización. No hay posibilidad de cerrarte."

Ana María Salazar llegó a una conclusión similar a través de un medio de comunicación diferente. Antes de mudarse a la ciudad de México en el año 2001, la oriunda de la ciudad de Tucson en el estado de Arizona había ocupado una serie de puestos de alto nivel en el Departamento de Estado y el Pentágono durante el gobierno del presidente Bill Clinton. Cuando llegó a la capital, Salazar, hija de madre estadounidense y padre mexicano y que había crecido en Hermosillo, se quedó asombrada de la ausencia casi completa de algún medio noticioso en idioma inglés. El único diario en inglés del país, *The News*, estaba al borde de la quiebra y luego salió del mercado a finales del año 2002, y no había noticieros de radio o televisión en inglés que se transmitieran a estadounidenses expatriados que querían seguir de cerca los asuntos de actualidad en su lengua materna. En el 2003, Salazar se acercó a un sonorense de la empresa de medios Grupo Imagen con la idea de hacer un noticiero de radio en inglés. "Mi argumento fue que actualmente México es muy importante en términos de su economía y su papel en el escenario internacional, para que no haya información sobre México en inglés", dice Salazar. "En segundo lugar, hay una comunidad relativamente grande de mexicanos que hablan inglés a quienes no les molestaría escuchar noticias en inglés en la radio."

Su propuesta se encontró con cierta resistencia al principio. "La idea no era fácil de vender porque había el temor de que se les acusara de ser anti-mexicanos", recuerda Salazar. Pero los ejecutivos de Grupo Imagen terminaron por simpatizar con la idea de tener la única estación del país que transmitiera noticias en inglés, y el programa *Living in Mexico* hizo su debut al aire en octubre de 2003 como programa de fin de semana. En febrero de 2005, el programa de 24 minutos de duración recibió el nuevo nombre de *Imagen News* y empezó a transmitirse al aire diariamente en la ciudad de México en el atroz horario de las 5:30 de la mañana. Ahora se transmite en más de una docena de mercados urbanos en todo el país. Al igual que Marcela Gómez Zalce, Salazar se ha encontrado con un público especialmente receptivo entre los mexicanos jóvenes. "Me llegan correos electrónicos de alumnos de preparatoria y universitarios, así como de *yuppies*, y evidentemente el inglés no es su primer idioma", dice la egresada de la Facultad de Derecho de Harvard. "Escuchan el programa porque su maestro de inglés se los deja de tarea o porque es su remedio diario para practicar el inglés." Conforme a las leyes mexicanas, Salazar debe incluir algo de contenido en español en el programa, y ella reserva esa porción para los últimos minutos de la transmisión de todos los días. Esta regulación la considera como discordante con las actitudes que están evolucionando en el México de hoy. "Eso te muestra qué clase de percepciones y temores hay todavía sobre el hecho de que la cultura estadounidense esté prevaleciendo", observa Salazar. "Pero no existe el tabú que solía haber de que hablar inglés era de algún modo no ser patriota."

La Riviera Gringa

"¿Cuál es la diferencia entre Cancún y Miami?" me preguntó un funcionario de turismo mexicano durante mi primera y única visita al famosísimo centro turístico. Me encogí de hombros y dije que no tenía idea. "En Cancún todo el mundo habla inglés." La reveladora verdad de ese chiste permaneció conmigo mucho después de que concluí mi visita de cuatro días, en la primavera de 2005, a La Meca más grande de turistas norteamericanos fuera de Estados Unidos.

La última noche que estuve en Cancún llamé a un taxi de la zona hotelera y le dije al conductor: "al restaurante Hacienda El Mortero, por favor." "*Sure*", respondió el taxista, pero cuando se dio cuenta que yo hablaba su idioma me pidió disculpas y me contó un poco de su vida. Leonel García Sánchez alguna vez fue dueño de un negocio de importación de ropa en su natal Guadalajara, que le exigía hacer viajes periódicos a Los Ángeles, en donde casi todos sus clientes hablaban español. García, de 30 años de edad, se fue a vivir a Cancún en el año 2002, después de que el negocio de ropa quebró, y ahora pasa más tiempo hablando inglés cuando recorre las calles de la ciudad turística, que cuando estaba en el sur de California. "Yo aquí en Cancún no siento como si estuviera en México", explicó. "Siento que estoy en Estados Unidos, porque aquí nadie habla en español."

Cancún fue un lugar que evité deliberadamente durante mi estancia de cuatro años como jefe de la oficina del *Newsweek* en México a mediados de la década de los ochenta.

Una de las principales razones por las que elegí estudiar periodismo fue para vivir fuera de Estados Unidos, y lo último que quería hacer durante mis periódicas vacaciones en México era tirarme en una playa repleta de compatriotas estadounidenses disfrutando de la arena y el surf. Durante ese periodo, lo más cerca que estuve de Cancún fue una visita a la majestuosa pirámide maya de Chichén Itzá, en donde vi a estadounidenses con quemaduras de sol, rojos como langostas, que venían en autobús para hacer un rápido recorrido por las famosas ruinas arqueológicas antes de regresar a sus hoteles a la orilla de la playa.

"YOU WILL ALWAYS FEEL AT HOME"

Cuando inevitablemente visité Cancún, casi 20 años después, mis peores temores se confirmaron. Prevista en sus orígenes como sitio turístico exclusivo para estadounidenses acaudalados y supuestamente sofisticados, la zona hotelera de Cancún ocupa una estrecha isla de 20 kilómetros de largo, apenas separada de la orilla noreste de la península de Yucatán, y se yergue como monumento al consumismo y la mercadotecnia *made-in-USA*.

El predominio del inglés se hizo evidente en cuanto llegué a la zona de entrega de equipaje del congestionado aeropuerto internacional de Cancún. Incluso, los carteles publicitarios de las empresas mexicanas tenían palabras en el idioma mundial ("*No matter how far you travel"*, decía un anuncio de la compañía de teléfonos celulares Telcel, *"you will always feel at home"*). Desde el asiento trasero del autobús que me llevó al hotel, miré un desfile interminable de los mismos restaurantes, cadenas de comida rápida y hoteles que pueblan las ciudades de Estados Unidos y los centros comerciales (Hooters, TGI Fridays, Hard Rock Café, Planet Hollywood, Bubba Gump Shrimp Co., McDonald's, Burger King, Subway, Hilton, Ritz-Carlton, Hyatt, Marriott, etc.). Vislumbraba prados podados, helechos verdes y campos de golf por mi ventana mientras el autobús hacía su recorrido entregando a otros pasajeros norteamericanos en sus respectivos hoteles. El radio del vehículo estaba sintonizado en una estación de música pop en la que sonaba viejas canciones que fueron éxitos, como las de los Bee Gees, Gloria Gaynor y Fifth Dimension.

Como lo presagiaba el cartel de Telcel, la *raison d'etre* de Cancún tiene que ver con hacer sentir al visitante estadounidense como si nunca hubiera abandonado su propio país.

El turismo es un gran negocio en México. Representa la tercera fuente más grande de divisas después del petróleo y las remesas de los mexicanos que viven en Estados Unidos, y la industria sigue estableciendo nuevos récord de ingresos. En el año 2004, los turistas extranjeros gastaron casi 11 mil millones de dólares en México, un incremento del 10.5% con respecto al año anterior. Los estadounidenses componen la parte mayoritaria de esos turistas: de los 18.6 millones de extranjeros que viajaron a México en el año 2003, 17 millones provenían de Estados Unidos.

La industria turística experimentó un inesperado auge unos meses después de los ataques del 11 de septiembre en Nueva York y Washington. De la noche a la mañana, millones de estadounidenses cancelaron sus planes de tomar vacaciones en ningún lugar fuera de Estados Unidos, y al principio México sufrió una pronunciada reducción de sus ingresos turísticos durante un breve lapso, junto con el resto de la industria turística mundial. Pero una vez que los norteamericanos superaron el impacto inicial del 11 de septiembre y estuvieron listos para aventurarse nuevamente en el extranjero en busca de vacaciones, buscaron destinos de viaje que estuvieran más cerca de casa y más lejos de Osama bin Laden. México de pronto pareció más atractivo que nunca, y entre sus muchos lugares turísticos, Cancún surgió como el más interesante. "Los norteamericanos no dejaron de venir a Cancún después del 11 de septiembre", dice Fernando Martí, periodista oriundo de la ciudad de México y ahora editor que en el año 1988 se mudó a Cancún para lanzar la primera de una serie de exitosas revistas. "No les gusta que hay terrorismo en España y no saben muy bien dónde están Egipto e Irán, y aquí se sienten en su casa."

En términos financieros, Cancún es la principal fuente de ingresos de la industria turística mexicana. En el año 2004, el lugar atrajo una cifra récord de visitantes de 3.4 millones, la mayoría de los cuales eran estadounidenses, y los ingresos del año sumaron un total de 2 mil millones de dólares. Si Monterrey es la más americanizada de las principales ciudades de México, entonces Cancún es, con toda seguridad, el sitio de playa con más tendencia americana. La zona hotelera está perfectamente adaptada al turista estadounidense provinciano, cuya idea de experimentar el México real es tomarse una margarita congelada. Los restaurantes mexicanos que se ubican en la zona hotelera sirven fajitas al estilo Tex-Mex para los estadounidenses que no podrían distinguir la diferencia entre el mole y la melaza.

En términos físicos está diseñado como un enclave. La carretera que conduce a los visitantes, desde el aeropuerto hasta la isla de la zona turística, evita que los turistas extranjeros pasen por la verdadera ciudad de Cancún, en tierra firme. El único lugar en toda la zona donde los mexicanos y estadounidenses conviven codo a codo, de un modo más o menos indistinto, es en los autobuses municipales que llevan a los turistas de los hoteles a los bares y restaurantes, y transportan a los albañiles a sus casas en tierra firme.

Los SPRING BREAKERS

Programé de manera deliberada mi visita a Cancún de modo que coincidiera con la invasión anual de los estudiantes universitarios estadounidenses durante el periodo vacacional de primavera en el calendario académico. Hace unos años, Cancún era el destino para los jóvenes estadounidenses que todavía no tenían la edad suficiente para comprar un trago en su propio país, y el canal de videos de música MTV empezó a enviar a equipos para que filmaran a "los *spring breakers*" en todo su libertinaje alimentado con alcohol. Con el tiempo, el espectáculo de muchachos desnudos lanzándose a las albercas de los hoteles y chavas en *topless*, borrachas y tambaleándose por el boulevard Kukulcán, le dio un duro golpe a la imagen mercadotécnica del turístico lugar.

En la cumbre de su popularidad entre los estudiantes universitarios, Cancún llegó a albergar a 150,000 *spring breakers* cada año. La cifra se redujo considerablemente desde entonces, pero todavía tienen una presencia destacada durante los meses de marzo y abril. Cuando cae la noche, el boulevard Kukulcán se llena de estudiantes estadounidenses con vasos de plástico llenos de cerveza Corona en busca de sexo y aturdimiento alcohólico.

El atractivo hedonista del centro turístico lo capta de un modo contundente un sitio en Internet llamado studentspring break.com. "Olvídate de las playas exuberantes, las suntuosas selvas, las ruinas arqueológicas y los hermosos hoteles", informa la página Web a sus lectores. "Los beneficios de ir a Cancún son muchos, sí, pero a la mayoría de los estudiantes sólo les interesa la abundancia de alcohol, alcohol, y espera, adivinaste, más alcohol. Tu consumo de bebidas alcohólicas de todo el año podría tener lugar en tan sólo una semana en Cancún, México, en un *Spring Break*. ¿Tengo que decirte más?"

Esto bastó para venderle Cancún a Tatiana Brooks. La joven estudiante de la Universidad de Nebraska, de 19 años de edad, con apariencia saludable llegó a Cancún con su novio, a pesar de las objeciones de sus padres. Una Tatiana con evidente "cruda" se declaró cliente absolutamente satisfecha al cuarto día de sus vacaciones de primavera. "Sabíamos que queríamos ir a México porque no podemos beber en Estados Unidos", explicó. "Estaba realmente muy nerviosa de venir aquí porque si no hablas el idioma no puedes hacer nada para remediarlo. Pero me encanta aquí, la gente es tan linda, el ambiente es sensacional. Te hace sentir en casa, aunque estés en un país extranjero."

Tatiana dista mucho de ser la clase de turista que los fundadores de Cancún deseaban. La mayor parte de las guías de turistas promueve el popular mito de que el lugar donde se ubica el centro turístico fue elegido por una computadora en una Secretaría de Gobierno en la ciudad de México. Pero, en realidad, Cancún fue idea de dos funcionarios de alto rango del Banco de México, a quienes se les solicitó que identificaran ubicaciones convenientes a lo largo de las costas del país, para la construcción de un flamante centro turístico que complaciera a visitantes estadounidenses acaudalados. Uno de esos funcionarios era Antonio Enríquez Savignac, que más tarde fungiría como Secretario de Turismo en el gobierno del presidente Miguel de la Madrid, y pasó dos años recorriendo el país en busca de playas vírgenes que algún día pudieran superar a Acapulco como imán para los turistas internacionales. Enríquez Savingac se fijó en cinco lugares: Ixtapa, Loreto, Cabo San Lucas, Huatulco y Cancún.

Cuando se inició la construcción de un puñado de hoteles lujosos en Cancún en 1972, los únicos habitantes de la zona eran varias docenas de pescadores que vivían en un poblado cercano que se llamaba Puerto Juárez. La economía local todavía se tambaleaba por el colapso de la industria del henequén, la principal fuente de empleo en la península de Yucatán en los siglos XIX y XX, y a principios de la década de los setenta el territorio de Quintana Roo era el último en ingreso *per capita* de todo el país.

Para el gobierno del entonces presidente Luis Echeverría, Cancún representaba su mejor esperanza de generar grandes cifras de nuevos empleos en la región. El gobierno federal invirtió cuantiosas sumas de dinero para desarrollar Cancún desde cero: abrió carreteras pavimentadas, colocó alcantarillados e instalaciones de agua potable y construyó un nuevo aeropuerto digno de un centro turístico de clase mundial. En el lapso de unos 10 años, 10,000 habitaciones de hotel habían abierto, y durante la primera década, ocho de cada 10 turistas en Cancún provenían de Estados Unidos, de acuerdo con el hotelero Abelardo Vara.

Apenas un 2% de los clientes del centro turístico eran mexicanos. "Nos enfocamos a promover Cancún a los Estados Unidos", recuerda Vara, un empresario coahuilense que es dueño del Hotel y Villas Omni Cancún. "Era lo que funcionaba muy bien. No queríamos a mexicanos, estábamos muy contentos con los dólares."

Otras 12,000 habitaciones de hotel se construyeron entre 1983 y 1993, y la consiguiente excesiva oferta de alojamiento, combinada con un desastre natural, ocasionó que la suerte de Cancún diera un giro negativo. El huracán Gilberto destruyó muchas de sus playas a lo largo de la zona hotelera en 1988, y la devastación obligó a muchos hoteles y negocios turísticos a reducir radicalmente sus precios. Una clase distinta de estadounidense empezó a frecuentar Cancún, un turista que era menos cosmopolita y exigente, y más consciente del presupuesto. Y a medida que Cancún se convertía en el destino preferido de una nueva generación de estudiantes estadounidenses, en la industria turística local, muchos llegaron a la conclusión de que el lugar estaba adquiriendo rápidamente una vergonzosa reputación de Sodoma y Gomorra, con un alto grado de libertinaje y depravación.

En el año 2002, agentes de viajes, gerentes de hoteles y dueños de bares firmaron un "pacto de civilidad" que exigía a los empresarios locales que negaran los servicios a clientes intoxicados y prohibía publicidad que promoviera activamente el consumo excesivo de alcohol. Cuando llegaban los turistas se les entregaban folletos en el aeropuerto que explicaban la nueva campaña de limpieza de Cancún y les advertían sobre lo que constituía una conducta inaceptable.

CORTEJANDO AL TURISTA NACIONAL

Algunos de esos mismos empresarios locales reconocieron que Cancún había adquirido otra clase de problema de imagen entre sus compatriotas mexicanos. Se había descuidado durante mucho tiempo el mercado turístico nacional con el fin de atraer a turistas extranjeros, y muchos mexicanos llegaron a pensar que Cancún era un destino que no estaba a su alcance. "Se percibía como un destino caro que los mexicanos no podían acceder", sostiene Lizzie Cole Guerrero, directora de promoción turística de la Secretaría de Turismo de Quintana Roo.

Cuando millones de estadounidenses cancelaron viajes al extranjero inmediatamente después de los ataques del 11 de septiembre, los funcionarios del gobierno y empresarios turísticos mexicanos decidieron que había llegado el momento de ir en busca del ignorado vacacionista nacional. "El once de septiembre es un parteaguas", admite Cole Guerrero. "Estábamos dependiendo mucho del turista norteamericano, y necesitábamos tomar decisiones para cambiar esta situación."

Una serie de caravanas turísticas recorrió todo el país para promover activamente Cancún junto con Playa del Carmen, Cozumel y la Riviera Maya. La respuesta superó las expectativas más optimistas: en el lapso de un año, los mexicanos se habían convertido en la clientela más grande del centro vacacional después de los estadounidenses, y en la actualidad, casi tres de cada 10 turistas que toman vacaciones en Cancún son ciudadanos mexicanos. "Tuvimos una respuesta sensacional", afirma el hotelero Abelardo Vara. "Nos dimos cuenta de que habíamos perdido una gran oportunidad en el pasado porque teníamos un filón de oro en este mismo país."

Algunos mexicanos comparten mis opiniones con respecto a Cancún. Fernando Martí, el editor de revistas de la ciudad de México que funge como historiador extraoficial del centro turístico, afirma que a sus amigos chilangos no les interesa mucho el lugar. "No se sienten a gusto en Cancún, lo encuentran un destino masificado", explica. "Como no les gusta Miami, ninguno de mis amigos van a Miami." Pero para otros la novedad americana del lugar es en realidad una ventaja. María Hernández se trasladó de Puebla a Cancún en el año 2000 para aceptar un empleo en el parque temático ecológico de Xcaret como cajera de un restaurante, y se quedó ahí durante tres años. Nuevamente instalada en Puebla, Hernández regresó a Cancún con su familia para pasar una semana de vacaciones en marzo de 2005, y estaba encantada con todo, incluyendo la clientela, en su mayoría estadounidense, del hotel Oasis Viva donde se hospedaba. "Uno aprende de ellos, y nos gusta hacer bromas que no entienden", dijo con una sonrisa. "Los turistas son una ventaja porque así sigue creciendo México."

Abel Gutiérrez y Magdalena Trujillo decidieron pasar su luna de miel en Cancún después de consultar a algunos de sus amigos de Guadalajara que habían visitado el lugar. La curiosidad fue un factor importante para la joven pareja que anteriormente había ido de vacaciones a Puerto Vallarta y a Mazatlán, y los recién casados quedaron gratamente sorprendidos por la decoración interior y el mobiliario con sabor a México de algunos de los hoteles y restaurantes que visitaron. "Los lugares no tienen la vista americana", dijo Trujillo, empleada del gobierno estatal de Jalisco, de 27 años de edad. "Usan los colores regionales y los muebles rústicos. A lo mejor hay lugares que sí tienen el estilo americano, pero a los lugares donde fuimos no lo vimos." La única nota incómoda vino cuando recorrieron algunas de las demás propiedades que pertenecen a la empresa española dueña del hotel donde se hospedaron, y los grupos de *spring breakers* pendencieros los hicieron sentir fuera de lugar. "Allí ven al mexicano como alguien raro", recordó Abel, carpintero de 30 años de edad. "Fue un poquito desagradable", aceptó Magdalena. "Había mucho ruido y jóvenes de todas las edades estaban tomados."

Algunos mexicanos se quejan de que les dan un trato de segunda clase en la zona hotelera. A Gerardo García, editor del periódico de Cancún *La Voz del Caribe*, se le ocurrió una manera ingeniosa de documentar los dobles estándares que se aplican a mexicanos y extranjeros. Asignó a reporteros de piel oscura la tarea de beber en público a lo largo del boulevard Kukulcán en violación del pacto de civilidad firmado recientemente, y luego envió a un colega con aspecto anglosajón para que hiciera lo mismo. Los "morenitos" fueron molestados por policías locales en tanto que el reportero "güero" corrió una juerga con absoluta impunidad.

Un maestro de primaria de la localidad, de nombre Javier Martínez, ha sido testigo del mismo patrón de discriminación en los restaurantes y clubes nocturnos de la zona hotelera. "Entrando a las discotecas, seleccionan a los extranjeros y después a los mexicanos", sostiene Martínez. Su esposa Damaris Mena hizo eco de sus palabras. "Prefieren al turista extranjero", dice Mena quien, al igual que su esposo, creció en la isla Holbox al norte de Cancún. "No les ofrecen los paquetes de descuento al turista nacional, tratan de llamar la atención a los extranjeros."

La parte oculta de la Riviera Gringa

El turismo representa el 85% de la economía local de Cancún, y sus periódicos publican todos los días gráficas con estadísticas que registran los índices de ocupación de los hoteles y el número de vuelos que llegan diariamente. Los ingresos del turismo han hecho crecer la población de la ciudad en tierra firme a 600,000, pero el crecimiento explosivo de Cancún ha traído como consecuencia la habitual serie de problemas sociales relacionados con la rápida urbanización. Escuálidos poblados llenos de casuchas han surgido en las afueras de la ciudad. Bandas de jóvenes aterrorizan a los habitantes de las colonias pobres que los turistas nunca ven. Los taxistas corren el riesgo de que los asalten a punta de pistola exactamente como les ocurre a sus colegas de la ciudad de México. Durante mi visita, las primeras planas de los periódicos locales estaban llenas de noticias acerca del descarado robo a plena luz del día de una costosa joyería ubicada dentro del principal centro comercial de la ciudad. Los seis ladrones, de los cuales se sospecha que algunos eran policías, huyeron de la tienda con joyas cuyo valor se calcula en 300,000 dólares.

El resurgimiento de importantes actividades de narcotráfico en la zona empañó aún más la imagen de Cancún. En la década de los noventa, Quintana Roo se convirtió en un importante corredor de tráfico de la cocaína colombiana destinada a Estados Unidos. Los capos de la droga prosperaron durante la administración del gobernador del estado Mario Villanueva, quien desapareció después de que terminó su gestión de gobierno, y más tarde fue arrestado por cargos relacionados con los narcóticos. Salieron a la luz nuevas pruebas de que había revivido el contrabando de drogas en noviembre de 2004 con el descubrimiento de los cuerpos de cinco personas acribilladas a balazos cerca de Cancún. Tres de las víctimas eran miembros de la selecta Agencia Federal de Investigaciones de México, y 27 policías estatales, federales y locales fueron posteriormente arrestados bajo sospecha de haber facilitado los asesinatos y participar directamente en el tráfico de drogas.

Algunos de los empresarios de la industria turística de Cancún acusan a los medios periodísticos del lugar de exagerar los problemas de delincuencia y desarrollo en la ciudad. Eduardo Paniagua es un hombre esbelto y nervioso que vino desde Tuxtla Gutiérrez a Cancún hace ocho años. Su próspera agencia de viajes se especializa en el mercado del turismo japonés, y pasó más de dos años viviendo en Japón para aprender el idioma. El empresario de 38 años de edad me mira con cierta cautela cuando nos sentamos a platicar y de pronto me doy cuenta de la razón: Paniagua desaprueba enérgicamente los artículos del periódico que no hablan de Cancún en los términos más entusiastas.

"Cancún es nuestra marca, es lo que vendemos al resto del mundo y hay que cuidarla", afirma el presidente de la asociación de agencias de viajes de Quintana Roo. "Si la prensa continúa hablando mal de Cancún, matará a nuestra gallina de los huevos dorados, y en algunos años los periodistas tendrán que viajar a otra parte para poder trabajar."

Pero otros empresarios reconocen que Cancún ha crecido mucho y demasiado pronto. La sobredensificación es ahora el veneno, más que los *spring breakers*, del futuro a corto plazo del centro vacacional: los planes actuales proponen la construcción de otras 8,000 habitaciones que podrían llevar la capacidad de la infraestructura ya sobresaturada de Cancún al extremo. El símbolo imponente del crecimiento desmesurado es el Rius Palace, una monstruosidad de ocho pisos en la zona hotelera que abrió sus puertas en el año 2004 y asemeja una cruz entre un gigantesco faro y un hotel *Belle Epoque.* "Hoy por hoy, se han cometido una serie de excesos aquí", sostiene el hotelero Abelardo Vara. "Hay contaminación visual por tantos anuncios, ha habido mucha corrupción y la entrada de giros negros a la industria turística. El éxito no es fácil de controlar."

En ese aspecto, Cancún no es único. Problemas similares han surgido en Cabo San Lucas, el destino turístico de playa igualmente americanizado en la punta sudeste de Baja California.

El auge de la construcción hotelera a lo largo de sus playas les ha robado a los habitantes mexicanos del pueblo de Cabo San Lucas sus vistas marinas, y la apertura de clubes de *strip tease* al estilo estadounidense le ha conferido al centro turístico un aire cursi de decadencia. Mark Casagranda lleva muchos años navegando a Cabo San Lucas, y durante un reciente viaje de pesca, el empresario inmobiliario de San Francisco fue abordado por una joven prostituta, bien vestida, de unos veintitantos años de edad. El incidente fue una señal ominosa del rumbo que parece estar tomando Cabo San Lucas. "Había tipos en las calles vendiendo drogas, y todo el lugar se había transformado", recuerda Casagranda. "Ahora te cuesta trabajo encontrar un auténtico restaurante mexicano. Se ha convertido en una mala versión de Las Vegas, y los mexicanos no aceptan esto con agrado. No te puedes dar el lujo de que haya gente que regresa a Estados Unidos y diga, 'Cabo, qué asco. Ya hay prostitutas y drogas'."

SAYULITA: EL ANTI-CANCÚN

En el otro extremo del espectro de los centros turísticos que complacen a los estadounidenses se encuentra Sayulita en la costa del Pacífico en Nayarit.

A 45 minutos en coche desde Puerto Vallarta, Sayulita fue alguna vez un soporífero pueblo pesquero desconocido para el resto del mundo, que evocaba comparaciones con lo que fue Puerto Vallarta hace 40 años. Pero en fechas recientes el sitio se convirtió en un imán para los jóvenes surfeadores estadounidenses que viajan con poco dinero y con la mochila en la espalda. El único recuerdo del tranquilo pasado de Sayulita es un edificio de dos pisos encalado que se ubica en el centro del pueblo que alberga las oficinas de la asociación ejidal de la localidad.

El centro del pueblo está lleno de cafés Internet, galerías de arte, salones de masajes y agencias inmobiliarias, casi todos con letreros escritos en inglés. Los restaurantes de la localidad ofrecen una selección de cocina china, italiana y argentina. Un número sorprendentemente alto de sus empleados son lo que algunos mexicanos llaman "gringos mojados" (estadounidenses que se vienen a vivir unos meses y no tienen visas legales de trabajo, pero cuyo dominio del inglés es suficiente para conseguir trabajo). "Se quedan a vivir sin documentos, cuidan casas, se meten como guías de turismo", dice Francisco Loza, artista de Guadalajara, que llegó por primera vez a Sayulita en 1988, cuando tenía unos 20 años. "Pero por ser gringos, la gente les trata bien."

Una norteamericana que tiene un restaurante junto con su pareja lesbiana en el tranquilo pueblo de San Francisco, al norte de Sayulita, se ha dado cuenta de los cambios. "En Sayulita sientes que hay más extranjeros que mexicanos", afirma Gloria Honan, paramédico de oficio y oriunda del estado de Oregon. "Una vez estábamos tomando un café en Sayulita y por casualidad escuché a unos compatriotas discutiendo una instancia para obligar a una discoteca a que le bajara al ruido. Esta es una cultura muy ruidosa, es parte de la razón por la que a la gente le gusta la cultura. A mí me encanta, y he aprendido a valorar esas diferencias. Pero algunas personas vienen aquí a cambiar la cultura."

No hay hoteles en Sayulita, y ninguna de las cadenas de restaurantes y de bares deportivos que se transformaron en instalaciones permanentes de Cancún han abierto alguna sucursal. Pero a unos cuantos kilómetros un lujoso hotel Four Seasons ha abierto sus puertas en Punta Mita, y la afluencia de estadounidenses ha elevado los precios de los bienes raíces hasta las nubes.

José de Alba Cruz recuerda un Sayulita muy diferente cuando llegó en 1986 con su esposa y nueve hijos. En los viejos tiempos Sayulita era tan sólo otro rústico pueblo que sufría del abandono del Estado, afirma. Las calles no estaban pavimentadas. El ganado andaba suelto por el pueblo, y era difícil encontrar trabajo. "Ni siquiera se pintaban las casas", recuerda el oriundo de Guadalajara. "Era sucio, no había quienes recogieran la basura." La llegada de los estadounidenses en grandes cantidades obligó a los funcionarios del gobierno a emperifollar el aspecto del pueblo y mejorar los servicios públicos rápidamente. Haciendo un balance, el pensionado de 63 años de edad prefiere la versión actual. "Está casi invadida de norteamericanos", dice, "y eso ha dado buenos resultados, ya que gastan mucho, y permite que haya trabajo y más servicios."

El artista Francisco Loza utiliza diferentes imágenes para describir la transformación que ha experimentado Sayulita.

"Antes era muy difícil encontrar una buena taza de café", me dijo en el desayuno una mañana mientras yo vacilaba entre pedir un expreso o un capuchino. "Todo mundo tomaba Nescafé, pero la gente aprendió."

Wilma

En octubre de 2005, un huracán de categoría cuatro de nombre Wilma, con vientos de velocidades de hasta 270 kilómetros por hora, embistió Cancún y lo inundó con una lluvia que duró dos días consecutivos. Wilma se convirtió en el peor desastre natural que ha golpeado a Cancún desde que el huracán Gilberto devastó la zona en 1988. La tormenta arrasó con las blancas playas de arena de la zona hotelera, famosas en todo el mundo, y dejó varados a casi 40,000 turistas extranjeros que no pudieron salir de la zona antes de que Wilma tocara tierra. Vino a ser el último desastre que la Madre Naturaleza infligía a las costas del Caribe y del Golfo de México en un año que rompió todo los récords existentes hasta la fecha de huracanes.

En algunos aspectos importantes, la devastación provocada por Wilma no se acercaba a los niveles de destrucción que dejó tras de sí Gilberto. Las 16 muertes que se le asignan a Wilma fueron una fracción de las 318 vidas que se perdieron durante el huracán Gilberto. Sin embargo, en las secuelas inmediatas a la tormenta, saqueadores salieron a las calles de la ciudad y la zona hotelera, y llenaron carros de supermercado con alimentos y artículos electrodomésticos que inspiraban comparaciones poco halagadoras con la situación que se vivió en Nueva Orleáns a raíz del huracán Katrina siete semanas antes.

Viajé a la ciudad de Mérida cuatro días después de que Wilma tocó tierra para ayudar a una colega de *Newsweek* de nombre Susan McVea a conseguir un vuelo que la sacara de Yucatán. McVea y su novio, Francesco Iacono, llegaron a mi hotel en Mérida visiblemente exhaustos y desesperados por abordar un avión con destino a la ciudad de Nueva York.

No era la primera visita de Susan a Cancún: había pasado varias vacaciones en el centro turístico y siempre había regresado a casa satisfecha. Pero era difícil imaginar que Susan, o cualquiera de los muchos extranjeros enfurecidos que estaban acampando en el aeropuerto de Mérida esa semana, regresara a Cancún en un futuro cercano. Muchos se quejaban de que los funcionarios mexicanos casi no les habían dado información en todos los cuatro días que pasaron dentro de los refugios improvisados en espera de ser evacuados del abatido centro turístico.

¿Qué le pasaría a la economía mexicana si la joya de la corona de su segunda industria más importante dañara irreparablemente su reputación por el siniestro de Wilma?

Si nos atenemos a mi propia experiencia, entonces Cancún, con toda seguridad, sobrevivirá el huracán y recuperará su pasada gloria. Estaba trabajando en el Oriente Medio cuando terroristas islámicos atacaron un sitio arqueológico en la ciudad egipcia de Luxor en noviembre de 1997 y mataron a más de 60 turistas extranjeros. Cuando regresé a El Cairo seis meses después, el aeropuerto internacional de la ciudad, por lo general atestado, estaba casi vacío. A la industria turística de Egipto, que anualmente atrae a casi cuatro millones de visitantes extranjeros, le tomó un año completo recuperarse del desastre de las relaciones públicas de Luxor. Pero se recuperó a fin de cuentas, y si el terrorismo internacional no pudo opacar el perdurable atractivo de las pirámides y de un crucero por el río Nilo, seguramente un huracán no borraría a Cancún del mapa de los destinos turísticos atractivos en la mente de un gringo hambriento de sol. Regresarán millones, pero yo no estaré en sus filas.

EL SUEÑO MEXICANO

Los domingos en la mañana, el patio de la biblioteca pública de la ciudad colonial de San Miguel de Allende se llena de estadounidenses. La atracción es un recorrido semanal de casas y jardines en el que destacan algunas de las espléndidas residencias adquiridas por expatriados norteamericanos en el histórico centro de la ciudad y a lo largo de las colinas que dominan desde lo alto a San Miguel, y yo soy uno de los 176 turistas que se han registrado en el edificio de la biblioteca para aguardar el inicio de la excursión de dos horas a lugares de interés. Once músicos mexicanos, vestidos esplendorosamente con una túnica en color vino y oro y pantalones de terciopelo, están de pie a un lado en el patio de adoquín combinando melodías mexicanas familiares como La Bamba con canciones populares españolas clásicas que datan de la época de Cervantes.

Para cuando los autobuses llegan y se acomodan afuera de la entrada de la biblioteca con el fin de llevar a los visitantes a la primera parada del recorrido, el patio es un mar de gringos charlando en inglés, que llevan el atuendo y los accesorios típicos de los norteamericanos vacacionistas: gorras de béisbol, shorts, tenis blancos, lentes de sol, camisetas y sandalias. Usan gafetes con sus nombres y las ciudades y estados de donde vienen (Tucson y Tulsa, Maryland y Montana, San Antonio y Santa Cruz, Nuevo México y Nueva York). Aparte de los músicos, los únicos mexicanos presentes para la excursión son una familia joven de clase media con cinco integrantes que vienen de Querétaro y se ven un poco perplejos y fuera de lugar.

El ánimo es festivo y todo es por una buena causa. Las ganancias de la excursión se donan a la biblioteca que, según me dijeron, alberga una de las colecciones más grandes de libros en idioma inglés del país, y el costo del boleto de 15 dólares por persona, genera una impresionante derrama semanal de ingresos. Hacer buenas obras parece ser uno de los principales pasatiempos de la creciente comunidad estadounidense que compone cerca de la décima parte de los 63,000 habitantes de San Miguel. Un recorrido del centro histórico a pie tres veces por semana destina casi todos sus ingresos a proporcionar atención dental y médica a los niños necesitados de San Miguel, un grupo de residentes estadounidenses llamados Amigos del Parque está dedicado a la renovación del descuidado Parque Juárez, y otra organización de expatriados aporta dinero al Hospital de la Fe.

Esa mañana, en un rincón del patio de la biblioteca está un ex-banquero de 44 años de edad de nombre Chris Doolin, quien les platica a los turistas sobre un proyecto de fotografía que ha recaudado miles de dólares en becas para más de 50 alumnos de secundaria de escasos recursos de San Miguel. Es su manera de decir gracias al pueblo a donde llegó de Arizona a vivir hace cuatro años. "Es un privilegio estar viviendo aquí en más sentidos de los que se pueden imaginar", dice Doolin, y me entrega una tarjeta de presentación que tiene la dirección de correo electrónico, ex_gringo@hotmail.com. Este rótulo me provoca una risita que ilumina los ojos de Doolin, un hombre de buena complexión vestido con jeans grises, una playera blanca ajustada, botas vaqueras pardas y un sombrero de paja que adorna su cabeza rasurada. "No creo que vuelva a vivir en Estados Unidos otra vez", dice Doolin, quien renunció a un empleo de 80,000 dólares anuales para probar suerte con la fotografía turística de manera independiente en México. "Una vez que terminé de vivir mi sueño americano, liquidé mis tarjetas de crédito, vendí todo lo que tenía y me vine para acá con dos maletas. Lo que ha sucedido en el país desde que Mr. Bush asumió el poder ha ido en contra de toda mi estructura de valores. Yo no iba a volver a pagarles impuestos a esos imbéciles nunca más."

Doolin es uno de los muchos estadounidenses que han abandonado su tierra natal para buscar su propio sueño mexicano. Representan la contraparte, aunque definitivamente en una escala mucho menor, de las oleadas de mexicanos que cada día cruzan la frontera sur de Estados Unidos en busca de una vida mejor. Muchos de estos estadounidenses son pensionados seducidos por el costo mucho más bajo de vivir en ciudades como San Miguel de Allende y Ajijic, otros son *baby boomers* que están envejeciendo y quieren revivir los aventurados días de su lejana juventud, y hay una pequeña, aunque vocinglera, minoría de tipos como Chris Doolin que están huyendo del clima político y moral de Estados Unidos en tiempos de George W. Bush. Su número se ha incrementado de manera significativa en los años recientes: de acuerdo con el Departamento de Estado de Estados Unidos, la cifra de norteamericanos que viven en México ha aumentado de unos 200,000, a mediados de los noventa, a entre 600,000 y un millón en la actualidad.

La tendencia ha llamado la atención de los estrategas políticos de Estados Unidos. El personal de campaña tanto de George

Bush como de John Kerry decidió que había suficientes votos en juego en México como para enviar a miembros de confianza de las familias de los candidatos a hablar en su nombre en vísperas de la elección de 2004. La hermana del senador de Massachussets, Diana, recorrió todo México y ayudó a conseguir el respaldo de más de 800 demócratas registrados durante un periodo de 12 meses, y el presidente respondió enviando a su impresionantemente atractivo sobrino George P. Bush para que se reuniera con ciudadanos estadounidenses en la ciudad de México, Guadalajara y San Miguel de Allende. En contraste, la población de expatriados estadounidenses que viven en México fue ignorada casi por completo por las campañas de Al Gore y Bush en el año 2000.

LA DEMANDA DE TIERRA MEXICANA

Y no son sólo los asesores políticos los que están reaccionando. El Departamento de Estado calcula que hasta 400,000 estadounidenses y canadienses han adquirido una segunda casa y propiedades vacacionales en México, y tres instituciones bancarias estadounidenses empezaron a ofrecer financiamiento hipotecario por primera vez, en el año 2004, a ciudadanos norteamericanos interesados en comprar bienes inmuebles en México. Uno de ellos es Collateral Internacional, un banco con sede en Alabama que inició un programa innovador en el año 2004, llamado *Mexico-My Dream,* que reduce el costo de cierre a posibles compradores trabajando con abogados, notarios públicos y agencias inmobiliarias mexicanos. Collateral International ha estado ofreciendo financiamiento a clientes extranjeros con tasas de inte-

rés de entre el 6 y el 8%, muy por debajo de las tasas del 10 al
12% que proporcionan generalmente las inmobiliarias en México. El programa *Mexico-My Dream* ha sido un ejemplo de éxito desde su inicio: después de empezar con una cartera inicial de préstamos de 5 millones de dólares, creció a más de 13 millones en préstamos durante el primer trimestre de 2005.

Otro parámetro del auge inmobiliario en México viene de Stewart Title Guaranty Co., con sede en Houston, pionera en el campo que empezó asegurando escrituras de propiedad en México a mediados de la década de los noventa. Una póliza de seguros de propiedad protege al dueño del inmueble o, en el caso de una hipoteca, al banco que posee la escritura, contra reclamos fraudulentos de propiedad por parte de terceros, embargos preventivos colocados en la propiedad por acreedores, falsificación de documentos o cualquier otra irregularidad. Una póliza de propiedad es, por lo tanto, un instrumento indispensable para las instituciones bancarias que proporcionan financiamiento hipotecario. Las actividades de Stewart Title en México empezaron a despegar en el año 2004, cuando la empresa aseguró más de 700 escrituras de propiedades residenciales, cifra que duplicaba la del año anterior. Durante ese mismo periodo, Stewart Title triplicó el número de órdenes de depósito atendidas en comparación con 2003. El gerente de la empresa de la división en México afirma que el número de ciudadanos estadounidenses que ahora son dueños de propiedades al sur de la frontera ha superado el millón, y seguirá aumentando a medida que más y más norteamericanos se encuentren ante la imposibilidad de pagar los precios estratosféricos de los bienes inmuebles en su país.

Las grandes atracciones en México son los populares centros turísticos de playa como Cabo San Lucas en Baja California,

Puerto Vallarta y Punta Mita, en la costa del Pacífico, y la Riviera Maya, que se extiende desde Cancún hasta la ciudad de Tulúm, en la costa de la Península de Yucatán. Se han adquirido condominios por aproximadamente un tercio o la mitad de lo que valen actualmente viviendas equiparables en Miami Beach. Los letreros que adornan el sitio de la construcción del complejo de condominios Residencial Bay View Grand en la zona hotelera de Cancún no dejan nada a la imaginación sobre el mercado al que se dirigen sus promotores: muestran a una familia de cuatro integrantes, con ojos azules y aspecto nórdico, jugueteando en la arena del mundialmente famoso centro turístico. Antes de que se iniciara la construcción del complejo de departamentos Las Olas, en Cancún, en 2004, se anunciaban unidades con dos recámaras a 600,000 dólares. En el lapso de 14 meses se habían vendido todas, excepto una, y mientras tanto los precios habían ascendido a 820,000 dólares. "Éste es un mercado norteamericano", afirma R. J. Thoman, agente de bienes raíces del este de Texas que se mudó de Guanajuato a Cancún con su esposa mexicana en el 2002. "Los norteamericanos están viniendo a invertir su dinero en vez de hacerlo en la bolsa de valores, porque es más seguro."

Había una vez, no hace mucho tiempo, en que la sola idea de que los bienes inmuebles mexicanos pudieran representar una apuesta más segura que Wall Street habría parecido irrisoria. Las recurrentes devaluaciones del peso y las crisis económicas de las décadas de los setenta y los ochenta desanimaron a los bancos estadounidenses de prestar dinero para la compra de propiedades al sur de la frontera, y la reputación bien merecida de los funcionarios mexicanos de aceptar sobornos constituía otro impedimento muy importante. Pero las leyes que rigen la inversión y la propiedad de bienes inmuebles por parte de extranjeros han evolucionado de manera significativa desde que entró en vigor el TLCAN, en 1994, y la introducción del gobierno mexicano de una ley de crédito con garantía ha hecho mucho más factible que los prestamistas estadounidenses ofrezcan financiamiento hipotecario en el mercado mexicano.

LA INVASIÓN DE LOS *BABY-BOOMERS*

Las repercusiones de largo plazo para la industria inmobiliaria mexicana podrían ser de gran alcance si los grandes bancos estadounidenses participan en el financiamiento hipotecario. Sin embargo, mientras eso sucede, la vasta mayoría de norteamericanos que quiere adquirir una propiedad al sur de la frontera tendrán que pagar al contado. Y al parecer no son pocos los gringos dispuestos a invertir una tajada importante de los ahorros de su vida para alcanzar esa meta. Becky y Julian Palinski hicieron precisamente eso después de que vendieron su casa en Fort Washington, Maryland, en el 2004, con la que hicieron una cuantiosa ganancia de 200,000 dólares. La pareja de Arkansas se había mudado a la región de Washington, D. C. en el 2001, cuando do Julian aceptó un empleo que consistía en administrar un programa de donaciones en la Smithsonian Institution, y Becky se jubiló con sueldo completo después de 25 años de maestra de *kindergarden*. En particular, Becky odiaba vivir en la capital del país, y cuando pensaban en su futuro, los Palinski se remontaban a un viaje que hicieron a Guadalajara en 1998, donde su hija mayor cursaba un semestre estudiando español. Se toparon con un quiosco en uno de los centros comerciales de la ciudad, donde un agente inmobiliario de nombre Jaime Hernández estaba promoviendo inmuebles en Ajijic, un pintoresco pueblo de 13,000 habitantes a la orilla del Lago de Chapala, donde centenares de expatriados estadounidenses y canadienses han establecido su residencia permanente. Hernández se ofreció a llevar a los Palinski en una excursión guiada, a visitar las casas que estaba construyendo. La pareja aceptó la invitación y Ajijic dejó una impresión duradera en los visitantes. "Siempre pensamos que volveríamos", recuerda Becky.

Antes de poner a la venta su casa en Fort Washington, los Palinski visitaron las ciudades de Rosarito y Ensenada en Baja California, en el verano de 2004, después de que Becky vio un par de anuncios en la televisión que informaban sobre esa región de México. Sin embargo, el ruido y el pesado tránsito de la densamente poblada zona al sur de Tijuana los desanimó, y cuando regresaron a Estados Unidos programaron un viaje al Lago de Chapala durante el largo fin de semana del Día de Acción de Gracias, para buscar alguna propiedad adecuada. Se mudaron a una casa rentada durante seis meses a partir de diciembre y después encontraron un cómodo condominio de dos pisos, a 200 metros de la orilla del lago, en una colonia residencial llamada Riberas del Pilar, que adquirieron con lo que recibieron por la venta de su casa en Estados Unidos. Para ocuparse en algo, Becky enseña inglés a niños mexicanos dos días a la semana, y Julián trabaja como voluntario en las oficinas de Lake Chapala Society, una organización formada en su mayoría por residentes expatriados estadounidenses que lleva a cabo obras de caridad y programan una serie continua de eventos sociales para sus 3,500 miembros.

Los Palinski estaban a punto de cumplir un año de haberse

mudado a México cuando los conocí, y el clima templado de la región durante todo el año ya había hecho maravillas en la salud de Julian. Su presión arterial y niveles de colesterol habían bajado en los 12 meses que la pareja llevaba viviendo ahí, y la artritis ya no le molestaba. Al parecer la pareja extrañaba poco de su vida en Estados Unidos, aparte de unos cuantos alimentos que no se vendían ahí, como el queso Velveeta y los frijoles de carete, así como el servicio más eficiente que estaban acostumbrados a recibir en los restaurantes estadounidenses. "Todos son muy amables y tenemos tiempo para nosotros", explicó Becky, de 52 años y madre de dos hijas jóvenes, que habla con el clásico acento de una sureña de Estados Unidos. "Esto no es para todos, y mucha gente que ves por aquí quiere que todo sea exactamente como en Estados Unidos y Canadá. No se pueden relajar porque el ritmo es demasiado lento para ellos. Pero los mexicanos son siempre muy, muy atentos, y me siento más segura aquí que en Maryland."

La jubilación en México se ha relacionado, por tradición, con los ancianos estadounidenses de 65 años de edad y mayores. Pero los Palanski son un ejemplo típico de una nueva ola de inmigrantes norteamericanos que se están estableciendo en el México de hoy. Son principalmente *baby boomers* que están entrando en sus años dorados sin suficientes ahorros para costearse una jubilación cómoda en Estados Unidos. Las razones son variadas: algunos han atravesado por costosos divorcios, en tanto que otros no pueden afrontar los estratosféricos costos de los servicios médicos en Estados Unidos. De acuerdo con un informe reciente de la American Association of Retired Persons, más de 76 millones de estadounidenses nacidos entre 1946 y 1963 llegarán a la edad de jubilación durante los próximos 20 años, y una cuarta parte no tiene seguro de gastos médicos ni ahorros importantes de los que pueda echar mano. Un expatriado puede tener derecho a cobertura médica completa en el Instituto Mexicano del Seguro Social del gobierno después de tres años de vivir en forma permanente en México, y el costo de los medicamentos y la atención dental es normalmente una fracción de lo que se cobra en Estados Unidos.

Otra categoría consiste en *baby boomers* del tipo de Marianne Carlson, quien ha visto desaparecer su empleo en empresas sin liquidez que recortan sus nóminas. Se quedó sin trabajo en la primavera de 1999, cuando la empresa Pacific Gas and Electric eliminó su puesto de oficina en una planta de energía nuclear en el centro de California. Carlson tenía apenas 51 años de edad en ese entonces, y aunque había juntado algunos ahorros, sabía que no podría sobrevivir con ese poco dinero hasta el año 2010, cuando reuniría las condiciones para recibir los beneficios de la seguridad social. La rubia y robusta divorciada había estado viajando a México de manera periódica desde finales de la década de los sesenta, y empezó a buscar en Internet lugares del país con clima templado y una población de buen tamaño de expatriados estadounidenses que pudieran constituir una base de clientes para la clase de negocio que Carlson planeaba establecer como fuente de ingresos. A pesar de sus extensos viajes por el interior de México, ella sólo descubrió Ajijic mediante su búsqueda en línea, y cuando Carlson llegó al distrito del Lago de Chapala en una expedición de exploración fue amor a primera vista, según sus propias palabras. "En el instante en que entré a la ciudad, dije: 'esto es lo que buscaba', sentí que había llegado a casa", recuerda Carlson. "Si eres como yo, una vez que llegas a tierra firme en México, te enganchas. Me encantan los mexicanos, y no tuve que pasar por ningún tipo de ajuste."

Marianne Carlson se ha convertido en nativa en más de una forma. Al año de mudarse a una casa de tres recámaras y dos baños en el corazón de Ajijic, abrió una galería de arte popular mexicano a unos pasos de su casa. Desde entonces, Carlson inició un negocio en línea de muñecas tamaño miniatura, canastas, cerámica y vajillas hechas a mano, y tiene planes de adquirir la ciudadanía mexicana en el futuro cercano. "Es un ambiente muy creativo aquí, y mi talento ha brotado desde que llegué a México", explica. "Mi ritmo cambió. El tiempo tiene un significado completamente distinto aquí, no uso reloj y me gusta que a veces no sé qué día es." La llegada de *baby boomers* como ella, está alterando el perfil demográfico de la comunidad estadounidense en la región del Lago de Chapala. "Cuando decidí cambiarme a este lugar, definitivamente era la más joven", recuerda Carlson. "Pero las cosas en verdad cambiaron y hay más y más gente joven que se está mudando para acá." Sus gastos de subsistencia son de unos 1,500 dólares al mes, menos de una tercera parte de lo que necesitaba para vivir en California, y Carlson afirma que no tiene planes de abandonar nunca su país adoptivo. "Nunca podría volver a hacer lo que hacía", afirma. "Moriré aquí."

Otros *baby boomers* encuentran en México un tentador refugio de las guerras culturales que azotan a un Estados Unidos, cada vez más polarizado. Constance Gavras ha estado pensando en jubilarse en México, desde que su madre, de 75 años de edad, se mudó a Ajijic a finales de la década de los noventa. Cuando conocí a Gavras en el patio exterior de un hotel de la localidad, en el otoño de 2005, ella y su prometido estadounidense habían tomado la decisión de comprar una casa o un terreno en la zona a más tardar el año siguiente. Comerciante de monedas de profesión, Gavras considera que puede seguir dirigiendo su empresa desde México, y la oriunda de Miami reconoce que al mudarse al sur estaría huyendo conscientemente de una sociedad americana en la que ya no se siente a gusto.

No obstante, Constance Gavras nunca podrá confundirse con una hippie *New Age* intransigente en sandalias Birkenstock que no puede soportar la idea de permanecer en un país gobernado por George W. Bush. Muy por el contrario: Gavras es una empresaria elegantemente vestida, de tacón alto, lápiz labial rojo y lentes de sol Bebe en dos tonos, quien se describe a sí misma como una "feminista en reivindicación", y dice que ya no puede tolerar la asfixiante corrección política de algunos estadounidenses. A manera de ilustración, Gavras relata un incidente en un gimnasio de Minneapolis en el que el gerente la escuchó utilizar la palabra "gordo" para describir a alguien. "Entonces él me llama a su oficina", recuerda. "Me dice, 'no puede utilizar esa palabra aquí'. Le pregunté por qué. 'En primer lugar, es denigrante', dijo. 'Y no es agradable'. Luego me indica que si decía cualquier otra cosa parecida, me suspendería. Respondí, '¿sabe qué? Estoy en un planeta extraño'". Gavras hace una pausa entre los sorbos de un vaso de té helado. "Hay una auténtica mentalidad de nosotros-contra-ellos en Estados Unidos", explica. "La gente teme y odia a los demás, inclusive antes de conocerse. Todo se vuelve tan balcanizado en Estados Unidos, y muchos de nosotros simplemente estamos muy, muy cansados de estas divisiones."

A diferencia de Marianne Carlson, Gavras no tiene ilusiones soñadoras sobre México. Cuando le pregunto de las desventajas de vivir al sur de la frontera, menciona tres: un problema cada vez mayor de delincuencia en la zona del Lago de Chapala, el aborrecible machismo de muchos mexicanos y la barrera del idioma que enfrenta cualquier gringo que no tiene fluidez en el lenguaje local. "Yo no domino el español, así que no sé qué piensan o sienten", dice Gavras secamente. "El robo es un problema enorme, los mexicanos siempre le están robando a los mexicanos, y a casi todos les han robado los empleados de la mudanza o la sirvienta. El sentido común te dice que cierres las puertas con llave y actives el sistema de alarma de seguridad. Pero es una sociedad muy amable en su mayoría, y cuando las personas son amables uno cree que son buenas y honestas. Es como dejamos atrás nuestras ideas en la frontera."

Pero a pesar de las desventajas que ella percibe de la zona, Gavras sigue firmemente decidida a empezar una nueva vida en México. "Definitivamente no adopto una actitud romántica sobre México, hay muchas cosas maravillosas aquí y hay cosas negativas", señala. "Pero me siento muy en casa aquí. Me gustan las monedas, los escudos españoles, me gustan todas estas estatuas religiosas y cruces. Me llevo bien con algunos mexicanos, con los que me llevo mejor es con aquellos que han viajado. Son auténticos y son gente que no define su esencia en términos políticos."

¿DEMASIADOS ESTADOUNIDENSES?

A medida que más y más norteamericanos se muden a México como residentes permanentes o adquieran casas vacacionales en sus arenosas playas, surge inevitablemente una pregunta: ¿ciudades como San Miguel de Allende y Ajijic se están llenando excesivamente de gringos? La idea ha cruzado mi mente en más de una ocasión. Para todo el provincialismo católico que predomina en la ciudad de Guanajuato, y que llevó al padre anticlerical de Diego Rivera a trasladar a su familia al Distrito Federal a finales del siglo XIX, su irresistible sabor mexicano y la relativa escasez de turistas extranjeros siempre me han parecido mucho más atractivos que el ambiente de San Miguel. Y para mí, oriundo de California, con un padre que creció en un pueblo llamado Jocotepec a un paso de Ajijic, fue un poco extraño escuchar a una estadounidense de pelo gris leer en voz alta en inglés el guión, en ocasiones obsceno, de la aclamada obra de teatro de Eve Ensler, *Los Monólogos de la Vagina*, en un hotel de Ajijic una tarde de verano hace unos años.

Algunos mexicanos comparten mi opinión, pero otros no. Carolina de la Cajiga era una joven madre de dos hijos cuando ella y su esposo Francisco Ortiz se mudaron temporalmente de la ciudad de México a San Miguel de Allende, en el verano de 1982. La devaluación del peso de ese año arruinó la constructora de Francisco y terminó por llevar a la familia a emigrar a la ciudad canadiense de Vancouver, en 1984. Ahora, con 56 años, Carolina no regresó a San Miguel sino hasta el otoño de 2004, y de inmediato se enamoró del dinámico escenario cultural y ambiente cosmopolita de la ciudad. Tal vez debido a los muchos años que lleva viviendo en el extranjero, Carolina no resiente la multitud de estadounidenses y otros extranjeros que se han establecido en San Miguel, y ha hecho más amigos entre la población de expatriados que con sus propios paisanos, desde que la pareja compró una casa en el centro de la ciudad.

Después de todo, Carolina ha sentido un cierto descontento entre algunos de los residentes oriundos de San Miguel. "Hay tensión con algunos mexicanos con lo que hemos tenido oportunidad de charlar, y algunos de ellos sienten que los extranjeros están tomando control del lugar", me dijo. "Es un sentimiento muy reprimido de que algo está ocurriendo, de que toda el área del centro la están comprando extranjeros y que por lo tanto se está desplazando a la gente. Pero no lo dicen porque no es cortés decirlo, y no utilizan la palabra gringo para describir a los estadounidenses." En una ocasión, Carolina le preguntaba a un amigo estadounidense en San Miguel si la ciudad estaba sufriendo un cambio irreversible por la llegada de expatriados. "Los extranjeros vienen aquí por la atmósfera que se siente, pero, ¿llegará un momento en el que será necesario importar mexicanos para que se sienten en las bancas de San Miguel?" recuerda que le preguntó al norteamericano. "¿Se convertirá esto en una ciudad estadounidense disfrazada de ciudad mexicana? ¿En verdad quiero vivir en un lugar donde hay tantos extranjeros?"

En el caso de Carolina, la respuesta a esta última pregunta es un enfático sí. Pero hay un efecto adverso de la invasión de gringos que la afectó de un modo muy directo: el exorbitante precio de los bienes inmuebles en cualquier lugar donde se establezcan los estadounidenses. Francisco y Carolina pagaron 160,000 dólares por una casa ubicada en un terreno de 125 metros cuadrados en San Miguel, a la que describe como del tamaño de un pañuelo. "Es como si estuviéramos comprando en el centro de Manhattan", dice con cierto asombreo. "Nos dijeron que era barato para ser San Miguel, pero es ridículamente caro." La tendencia es igualmente pronunciada en la zona del Lago de Chapala. En el 2003, una pareja de jubilados de Texas compró una casa de dos pisos con vistas espectaculares del lago y las colinas cercanas en la lujosa colonia de la Hacienda del Oro, por el precio de 175,000 dólares. Cuando decidieron regresar a Estados Unidos, dos años y medio después, vendieron la residencia en 333,000 dólares. "La gente paga lo que le piden si es la casa que busca", dice Charlie Smith, ex-piloto de la Marina estadounidense, quien dirige la Lake Chapala Society. "Estamos recibiendo a muchos más *baby boomers* que tienen la intención de vivir aquí algún día cuando se jubilen, y están comprando terrenos o casas porque los precios de los bienes inmuebles están subiendo muy rápido."

Algunos de los estadounidenses recién llegados piensan lo mismo sobre el costo de la comida y otros artículos de primera necesidad. En la primavera de 2005, Rick y Kaye Brokaw se mudaron a una palaciega casa de dos pisos en la comunidad rural de Vista del Lago. La casa se ubica junto a un campo de golf de nueve hoyos y ofrece, como lo sugiere el nombre del complejo residencial, vistas espectaculares del Lago de Chapala. Instructora de educación vocacional jubilada, Kaye creció en una granja en Michigan y le encantó la idea de vivir en el campo donde vacas y caballos podían cruzarse por su camino en cualquier momento. Pero no estaba preparada para los precios que cobra un supermercado local por una variedad de productos alimenticios importados en la ciudad cercana de Chapala. "Un frasco de pepinillos cuesta cuatro dólares, y cuatro litros y medio de leche cuestan tres", dice con estremecimiento. "Eso no es nada barato. Los tomates enlatados cuestan más que en Estados Unidos, y muy a menudo simplemente compro pan mexicano porque su precio se acerca más a lo que estoy acostumbrada a pagar. Es más caro vivir aquí de lo que me había imaginado."

Al mismo tiempo, los Brokaw y otros estadounidenses son los primeros en admitir que ellos tienen mucha responsabilidad en el aumento del costo de la vida. "Sin que nos lo propusiéramos, hemos inflado los precios", dice Rick Brokaw, oriundo de Arizona, que se jubiló de Boeing Co. por una incapacidad médica en el 2001. "Todos los artesanos esperan más dinero de los mexicanos porque pueden cobrar precios gringos a los estadounidenses que construyen casas." Pero no todas las sorpresas que les esperan a los estadounidenses que se mudan a México son siempre desagradables. Desde el primero hasta el último, todos los expatriados que conocí en Ajijic y San Miguel dijeron que jamás habían enfrentado una actitud anti-americana abierta de sus vecinos mexicanos.

En un país que es sinónimo de chauvinismo masculino para muchos extranjeros, las parejas de lesbianas se han encontrado con un grado muy alto de aceptación por parte de lugareños y extranjeros por igual. Nancy Creevan y su pareja mexicana se mudaron de San José, California a Ajijic, en 1999, y las pocas quejas que ha escuchado sobre el número de gays y lesbianas que viven en la zona han venido típicamente de personas que no son mexicanas y que están de visita. "Estoy más 'afuera' aquí que lo que estuve jamás en California", dice la ex-empleada de Hewlett Packard de 57 años. "Las personas que vienen aquí por lo general son muy temerarias y son más abiertas con la gente. Te estás mudando a un país diferente con una cultura, un idioma y costumbres distintos, y no puedes ser un prejuicioso con la mente cerrada y quedarte aquí por mucho tiempo."

Hay una inquietante sensación entre los expatriados estadounidenses de que su rincón de paraíso pronto se verá arruinado por el número cada vez mayor de compatriotas que con toda seguridad seguirán sus pasos en los próximos años. "Muchos de nosotros ahora decimos, 'Shh, no queremos a más gente, pueden visitarnos pero no vivir aquí", dice Becky Palinski con una carcajada. Cuatro nuevos semáforos acababan de instalarse para agilizar el congestionamiento de tráfico en el tramo de la carretera que pasa por Ajijic a la orilla del lago, y las carretadas de adolescentes revoltosos que vienen de Guadalajara los fines de semana para desvalijar a gringos ingenuos ha propiciado el aumento del índice de la delincuencia. Algunos recién llegados a la zona ya están buscando viviendas accesibles más lejos, así como el ambiente más auténtico de los pueblos cercanos. "A mí realmente me gusta el pueblo de Chapala, tiene un cierto sentido mexicano", dice Constance Gavras, la comerciante de monedas que está cansada de vivir en Estados Unidos. "Escucho que la gente dice, 'Ajijic es demasiado para mí, sencillamente es demasiado americano, me iré a Jocotepec'". Si todavía viviera, me pregunto cómo habría reaccionado ante esto mi difunto padre, que abandonó Jocotepec para ir en busca de su sueño americano.

El desafío evangélico

Ixmiquilpan es un pueblo agrícola polvoriento y poco atractivo de 33,000 habitantes que se asienta en medio del valle del Mezquital en el estado de Hidalgo. Durante mucho tiempo, el PRI ha considerado a Hidalgo como uno de sus bastiones más leales: su candidato a gobernador ganó la elección de 1999 un año antes de que Vicente Fox expulsara al partido de Los Pinos, y ha mantenido una vasta mayoría en la legislatura del estado. El PRI demostró otra vez su predominio en la elección de febrero de 2005 a la gubernatura, cuando el candidato del partido derrotó abrumadoramente a sus contrincantes del PRD y del PAN.

No obstante, el dominio absoluto del PRI en el estado se debilitó unos meses después en las elecciones municipales cuando ganó sólo 37 de las 84 alcaldías disputadas. El gran ganador fue el PRD, que registró una ganancia neta de 13 en el número de gobiernos locales bajo su control. Algunos analistas políticos de la ciudad de México atribuyeron los sorprendentemente buenos resultados del PRD al éxito de su candidato presidencial, Andrés Manuel López Obrador, quien había estado haciendo campaña sin parar desde que renunció al cargo de jefe de gobierno de la ciudad de México el verano anterior, y seguía a la cabeza de las encuestas de opinión cuando los electores de Hidalgo acudieron a las urnas en noviembre.

Ixmiquilpan fue uno de los pueblos del estado en donde los electores cambiaron de opinión y ahora le entregaron su lealtad al PRD en cantidades masivas. Pero hubo otros factores que entraron en juego tras las tendencias de votación en Ixmiquilpan aparte de la popularidad personal de López Obrador. El pueblo ha sido escenario de tensiones entre los católicos y la cada vez más grande población en México de cristianos evangélicos. En 2001 docenas de familias que se habían incorporado a iglesias evangélicas fueron amenazadas con la destrucción de sus casas por algunos de sus vecinos católicos. En agosto de 2005 se negó el entierro de un destacado miembro de la comunidad evangélica del pueblo en el cementerio de una delegación de Ixmiquilpan, llamada San Nicolás. Un mes después, residentes católicos de San Nicolás bloquearon el camino que conduce a una residencia privada donde cristianos evangélicos se reúnen para sus servicios religiosos. El consejo de la delegación, controlado por el PRI, vetó los actuales planes de los evangélicos de erigir un nuevo templo en la colonia, a pesar de que ya habían obtenido los permisos de construcción necesarios en la oficina correspondiente del gobierno estatal en Pachuca, la capital de Hidalgo. En las semanas anteriores a las elecciones municipales del 13 de noviembre, la comunidad evangélica de Ixmiquilpan se acercó a las autoridades estatales y federales para que intervinieran en su favor con los intransigentes funcionarios de la delegación de San Nicolás, pero no hicieron caso a su petición de tener una reunión para exponer sus argumentos.

Frustrados por la falta de respuesta, tanto de Pachuca como de la ciudad de México, los integrantes de la comunidad evan-

EL DESAFÍO EVANGÉLICO

gélica en Ixmiquilpan tomaron medidas la víspera de la votación municipal en Hidalgo. Cientos de evangélicos montaron un bloqueo improvisado de la carretera principal que conduce de su pueblo a Pachuca y detuvieron por completo el tránsito durante cinco horas. Un contingente de funcionarios del gobierno del estado llegó después a la escena esa tarde de sábado para rogarles a los manifestantes que se fueran a casa, pero los evangélicos se rehusaron a moverse. "Nuestra gente de manera uniforme dijo que no se iba a mover hasta que no tuviéramos garantía que la situación se iba a solucionar y que tuviéramos una reunión con el gobernador", explicó Alejandro Nepomuceno, pastor de la Iglesia Cristiana Independiente Pentecostés en Ixmiquilpan. Sus medidas de protesta rindieron frutos poco después, cuando los funcionarios les prometieron una audiencia en ese mismo mes con el gobernador priísta del estado, Miguel Ángel Osorio Chong, para analizar las quejas de los evangélicos.

Cuando al día siguiente se anunciaron los resultados de las elecciones municipales, el candidato del PRD a la alcaldía en Ixmiquilpan se había anotado una convincente victoria. El partido también triunfó en otros municipios del Valle del Mezquital como Tasquillo y Cardonal, en donde las iglesias evangélicas han hecho incursiones significativas entre los residentes locales, y Nepomuceno llegó a la conclusión obvia. "Sí hubo un voto de castigo hacia el PRI que pudo no haberse dado", le dijo el pastor de 38 años de edad a un reportero del periódico *Reforma*. "Si el gobierno (estatal) nos hubiera atendido antes, el escenario hubiera sido diferente. Hoy, que ya me encuentro con varios pastores, con mucha gente cristiana, los veo con un semblante diferente cuando me dicen, 'valió mi voto, funcionó nuestra acción'."

221

El resultado de la votación de Ixmiquilpan podría tener repercusiones de largo alcance para el futuro de la política electoral en el México del siglo XXI. Alrededor de uno de cada cinco mexicanos ya no profesa la fe católica, y la mayoría de los no católicos ahora rinde culto en templos e iglesias afiliados al movimiento cristiano evangélico. Entre ocho y diez millones de dichos mexicanos se identifican con el pentecostalismo, una rama de la cristiandad evangélica con raíces históricas en Estados Unidos, que hace hincapié en el bautismo en el Espíritu Santo y logra su expresión clásica cuando el neófito habla en un idioma con el cual anteriormente no estaba familiarizado. La cristiandad evangélica ha ganado más de diez millones de seguidores en toda América Latina durante los últimos 30 años, y constituye el contrincante más grande que enfrenta el Vaticano en una región en la que el catolicismo ha dominado desde la llegada de los conquistadores. Como el país con el segundo número más grande de católicos en todo el mundo después de Brasil, México es un campo de batalla vital en la continua competencia por las almas cristianas. Y a medida que las filas de los evangélicos mexicanos sigan multiplicándose cada día, el movimiento estará abriéndose paso en la política de un modo que habría sido impensable hace apenas unas décadas.

EL LEGADO DE CHIAPAS

La manifestación mejor conocida de la influencia cada vez mayor de los cristianos evangélicos ocurrió en el empobrecido estado de Chiapas. Mejor conocida en el mundo fuera de México como la cuna de la rebelión zapatista, Chiapas ha sufrido una desestabilización mucho más seria debido a una campaña de persecución religiosa que ha dividido a las comunidades indígenas, desplazado a decenas de miles de habitantes y dado muerte a cientos. Los problemas religiosos en Chiapas se remontan a finales de la década de los sesenta, cuando los jefes políticos afiliados al PRI, conocidos como caciques, emprendieron una campaña sistemática para expulsar a los evangélicos de los pueblos indígenas en la región montañosa del estado. En las cercanías del pueblo de San Juan Chamula, hasta 35,000 evangélicos indígenas fueron expulsados de sus casas y miles más fueron perseguidos en los poblados cercanos como Zinacantán y Tenejapa. Una gran cantidad de refugiados huyó del campo y terminó en barriadas pobres y sórdidas en las afueras de la ciudad colonial de San Cristóbal de las Casas.

Las guerras sectarias que desgarraron el tejido social en buena parte de Chiapas empezaron a amainar a principios de la década de los noventa, cuando el arzobispo católico izquierdista de San Cristóbal se acercó a las comunidades de refugiados con programas educativos y proyectos de auto-ayuda. Desde entonces, alrededor de 15,000 evangélicos indígenas han regresado a las montañas que rodean San Juan Chamula. Se cree que los evangélicos componen alrededor de un tercio de la población del estado, lo que le da a Chiapas quizás la concentración más alta de dichos cristianos a nivel nacional. En un reconocimiento tácito de sus abultadas filas, el PRI seleccionó cuidadosamente a uno de los suyos, un Nazareno de nombre Pablo Salazar Mendiguchia, para un curul en el Senado en la elección a mitad del periodo en 1997 (a una bautista de la ciudad de México de nombre María de los Ángeles Moreno Uriegas el PRI también le dio un curul en la cámara alta ese mismo año). Salazar abandonó el PRI dos años después para encabezar una coalición de partidos de oposición con el objetivo de postularse para la elección a gobernador del estado programada para el 2000. El candidato evangélico ganó esa votación sin dificultades y asumió el cargo como primer gobernador no priísta de Chiapas en varias décadas.

Las experiencias en Chiapas e Hidalgo han dado lugar a la especulación de que en México el movimiento cristiano evangélico podría un día seguir el ejemplo de sus hermanos estadounidenses. Los pastores derechistas como Jerry Falwell y Ralph Reed se han abierto paso dentro del Partido Republicano durante más de dos décadas, y muchos analistas políticos atribuyen la reducida victoria de George Bush en la elección presidencial de 2004 de Estados Unidos a los aproximadamente cuatro millones de boletas que los electores cristianos evangélicos llenaron en su favor. Importantes políticos mexicanos empiezan a advertir el movimiento cristiano evangélico en su propio país: en marzo de 2005 Cuauhtémoc Cárdenas, del PRD, Santiago Creel, del PAN, y el ex-gobernador de Coahuila, Enrique Martínez, del PRI, aceptaron invitaciones para hablar en una conferencia organizada por la Confraternidad Nacional de Iglesias Cristianas Evangélicas (Confraternice), una organización con sede en la ciudad de México que engloba a 220 asociaciones evangélicas.

El presidente de Confraternice, Arturo Farela Gutiérrez, inició ese mismo año una asociación política nacional llamada Verdad, Integridad y Democracia, como vehículo para movilizar a laicos evangélicos interesados en participar más activamente en la política mexicana. El dirigente de la Iglesia Cristiana Interdenominacional, de 53 años de edad, justifica un perfil político más alto con base en el pasaje del Libro de los Proverbios del

Antiguo Testamento que cita estas palabras del rey Salomón: "Cuando los justos dominan, el pueblo se alegra". "Estoy hablando a muchos laicos para ejercer sus derechos y saber que no es pecado participar en la política", explica Farela. "Es la voluntad de Dios que participen en la política para que se santifique la política."

A lo largo de sus 71 años de gobierno en México, el PRI gozó del firme apoyo de los cristianos evangélicos del país a causa de la hostilidad tradicional del partido hacia la jerarquía de la Iglesia Católica. En 1935, el presidente Lázaro Cárdenas ratificó la ideología anticlerical del fundador del partido, Plutarco Elías Calles, cuando el secretario de Educación Pública, un presbítero de nombre Moisés Sáenz, invitó a un joven misionero de California llamado W. Cameron Townsend a trabajar con comunidades indígenas en el sur de México y traducir la Biblia a sus lenguas nativas. Pero las relaciones entre el PRI y el movimiento evangélico empezaron a descomponerse a finales de la década de los ochenta, durante el gobierno del presidente Carlos Salinas de Gortari, quien cultivó mejores relaciones con la Iglesia Católica e impulsó una reforma constitucional que eliminó varias estipulaciones anticlericales como la obligación de usar la indumentaria eclesiástica fuera del lugar de culto.

Como resultado, las lealtades políticas de los cristianos evangélicos se han vuelto más difusas en años recientes. Farela ve los resultados de la votación en el estado de Hidalgo como una advertencia, no tan sutil, de que ningún partido puede tener por seguro sus votos. "Eso debe ser un aviso para (los candidatos presidenciales) Andrés Manuel López Obrador (PRD), Felipe Calderón (PAN) y Roberto Madrazo (PRI) de que el voto evangélico es determinante", dice Farela. "Si (los políticos) siguen tratándonos con desprecio, se les va a castigar."

LAS RAÍCES ESTADOUNIDENSES DEL EVANGELISMO MEXICANO

Los misioneros estadounidenses han desempeñado un papel crucial en la introducción de las iglesias protestantes y evangélicas a México. La primera denominación protestante que organizó una iglesia al sur de la frontera fue un grupo de bautistas encabezados por James Hickey, irlandés de nacimiento cuyas convicciones antiesclavistas lo obligaron a huir de Texas en 1862, después de que los líderes de dicho estado se unieron a la rebelión de la Confederación en el sur de Estados Unidos en contra del presidente Abraham Lincoln. Hickey y su esposa se quedaron a vivir en Monterrey y establecieron una iglesia dos años después, con el bautizo de tres conversos mexicanos.

Otras religiones e iglesias no católicas siguieron su ejemplo, alentadas en gran medida por la restitución del poder al presidente Benito Juárez en 1867, después de la derrota militar de las fuerzas del emperador Maximiliano. Principal autor de las históricas Leyes de Reforma de la década de 1850, quien buscó debilitar el poder económico y político de los arzobispos conservadores del país, Juárez recibió con beneplácito al primer misionero de la Iglesia Episcopal de Estados Unidos, Henry Riley, en 1868, e inclusive donó una iglesia católica parroquial para ayudar a Riley a iniciar sus actividades. "Podría desear que el protestantismo se volviera mexicano mediante la conquista de los indígenas", declaró Juárez. "Necesitan una religión que los obligue a leer y no se gasten sus ahorros en velas para los santos."

Otras iglesias se establecieron en México en rápida sucesión. Un misionero cuáquero de nombre Samuel A. Purdie llegó a Matamoros en 1871, tres parejas de misioneros de la Iglesia Presbiteriana del norte en Estados Unidos se trasladaron a la ciudad de México en 1872, y en ese mismo año dos parejas de congregacionalistas llegaron a Guadalajara. Los metodistas del norte enviaron a dos obispos durante el invierno de 1872-183 para finalizar la adquisición de dos grandes iglesias católicas en México.

Conocidas como denominaciones históricas, estas importantes iglesias protestantes representan no más del 10% de los cristianos no católicos de México. En años recientes han sido rebasadas completamente por el movimiento pentecostal, cuyas raíces también son profundamente estadounidenses. El movimiento surgió en 1901, cuando un ministro metodista de Iowa, de nombre Charles Parham Fox, condujo un estudio minucioso de la intercesión del Espíritu Santo en su escuela de Biblia, en Topeka, Kansas y creó el vínculo entre el bautismo en el Espíritu Santo y el hecho de hablar en lenguas desconocidas.

Uno de sus discípulos que recibió el "don" de hablar en lenguas fue un mesero de hotel de raza negra llamado William Seymour, quien posteriormente abrió una misión en el centro de Los Ángeles, y condujo un renacimiento espiritual que se considera de manera generalizada como el florecimiento del pentecostalismo moderno. La misión de Seymour pronto atrajo a muchos seguidores entre las comunidades negras e hispanas de la ciudad, lo que fue registrado de modo menospreciativo en una nota periodística de la época. "Vergonzosa entremezcla de las razas, gritan y aúllan todo el día y en la noche", reportó *Los Angeles Times* en 1906. "Corren, saltan, se sacuden, gritan a todo lo que da su voz, giran en círculos, se tiran al piso cubierto de aserrín, sacudiéndose, pateando, rodando por toda su superficie... Estas personas parecen estar locas, con trastornos mentales o hechizados... Tienen como predicador a un negro iletrado y tuerto que permanece hincado buena parte del tiempo con la cabeza escondida entre cajas de leche."

Una participante en la misión de renacimiento de Seymour fue una mujer de Chihuahua llamada Romana de Valenzuela, que llegó a Los Ángeles en 1912. Regresó a México dos años después como ferviente pentecostal y estableció la primera Iglesia de la Fe Apostólica conocida en el país. La anarquía social y política que envolvió al país durante los siete años de la Revolución Mexicana propició el éxodo hacia el norte de un millón de personas, y al igual que Romana de Valenzuela algunos de estos inmigrantes estuvieron en contacto con el movimiento pentecostal durante su estancia en Estados Unidos.

Entre 1914 y 1932, por lo menos 26 iglesias apostólicas fueron fundadas en una docena de estados del norte de México por emigrantes que había regresado de Estados Unidos. Antonio Nava Castañeda tenía 18 años de edad cuando estalló la Revolución en 1911, y la negativa de su padre de dejarlo tomar las armas en contra de Porfirio Díaz llevó al nativo de Durango a viajar entonces a Estados Unidos. Nava encontró trabajo en los campos algodoneros del Valle Imperial de California y se convirtió al pentecostalismo en 1916. Posteriormente Nava abrió una iglesia en Yuma, Arizona y propagó el evangelio pentecostal entre los residentes de la ciudad fronteriza de Mexicali.

Otro pionero pentecostal fue David Genaro Ruesga, nativo de Morelia, que prestó servicio a las fuerzas de Pancho Villa durante la Revolución, y cuando terminó la lucha se trasladó a Estados Unidos. Durante una grave enfermedad que casi le quita

la vida, Ruesga afirmó haber escuchado el evangelio, recobró la
salud y de inmediato fue bautizado. Se trasladó a la ciudad de
México en 1920, y tres años después estableció una pequeña
iglesia que es considerada como la primera congregación pentecostal con sede en la capital mexicana. El movimiento continuó y ganó impulso durante el periodo posrevolucionario. "Las
décadas de los veinte y los treinta fueron testigos del nacimiento
y rápido crecimiento de muchos grupos pentecostales en México", escribió Lindy Scott en su libro publicado en 1991, *Salt
of the Earth: A Socio-Political History of Mexico City Evangelical
Protestants (1964-1991)*. "A menudo eran los braceros mexicanos
quienes, abrazando el pentecostalismo en Estados Unidos, regre-
saban a su país y propagaban su nueva fe."

"ES UNA VISIÓN PROPIA QUE TENEMOS"

El origen *made-in-USA* del movimiento es un tema delicado para muchos evangélicos mexicanos. Los orígenes estadounidenses
de las iglesias pentecostales de México y las principales denominaciones protestantes se han utilizado en el pasado como arma
para cuestionar el patriotismo y la lealtad de sus congregaciones.
Lindy Scott cita una reveladora diatriba de un ex-secretario de
Educación Pública que asistió al Congreso en Querétaro, donde se hizo el borrador de la Constitución de 1917. "Sería injusto
e inmoral injuriar las características de nuestra nacionalidad per-
mitiendo la sustitución de un culto nacional por aquel de un
vecino poderoso y dominante", declaró Félix Palavicini, empresario que acababa de fundar *El Universal*. "El ministro protestante
organiza clubes deportivos que popularizan la terminología en

inglés, ha organizado la Asociación Cristiana de Jóvenes donde se toca música, se recitan malos versos, donde se baila el *one-step*... Les aseguro que no son los mexicanos quienes apoyan el culto protestante en la República. Les aseguro que el culto protestante es financiado con dinero *yankee*."

Esa mentalidad persiste entre algunos católicos mexicanos del siglo XXI. Cuando visité Ixmiquilpan, un par de semanas después de que la votación de noviembre del año 2005 expulsara al PRI del poder, busqué a los funcionarios de la delegación de San Nicolás que se habían opuesto a los planes de la comunidad evangélica de la localidad de construir un nuevo templo en la colonia. Un subdelegado de nombre Noé Gerardo Nicolás Guerrero habló con toda franqueza sobre la supuesta procedencia de la clase particular de cristiandad de sus vecinos no católicos, la que describió como una infección contagiosa similar a la epidemia del sida. "El famoso protestantismo viene definitivamente de los Estados Unidos", dijo el abogado de 48 años de edad. "Es una consecuencia de que nuestros connacionales van allá para trabajar y traen esos valores y dogmas. Nuestra gente es imitadora por naturaleza, y cuando nosotros los católicos les preguntamos por qué se cambiaron y dejaron el catolicismo, nos dicen que en los Estados Unidos todos los que predican el protestantismo son ricos, y ellos van hacia ese dogma porque quieren ser ricos también."

Los evangélicos mexicanos rechazan dichas aseveraciones al considerarlas acusaciones sin valor. Algunos de los primeros grupos del país rompieron sus vínculos formales con las organizaciones hermanas de Estados Unidos porque resintieron los esfuerzos de sus hermanos estadounidenses en la década de los veinte de ejercer más control directo sobre el movimiento evangélico mexicano. Y en tanto la mayoría de las religiones protestantes importantes de México fueron fundadas por misioneros estadounidenses en el siglo XIX, el pentecostalismo experimentó un auge del que nunca habían gozado las denominaciones históricas a través de la historia, en parte porque principalmente lo trajeron al país compatriotas mexicanos que habían sido convertidos en Estados Unidos. "No la vemos como una iglesia importada", dice Butch Frey, nativo de West Virginia que ha estado viviendo en la ciudad de México desde 1989 y conduce un programa patrocinado por las iglesias de las Asambleas de Dios que tienen su sede en Springfield, Missouri, y envía docenas de misioneros estadounidenses a México cada año. "Mucho del crecimiento de las Asambleas de Dios en México se ha debido a los pioneros mexicanos."

Pero cualquier sugerencia de que el movimiento evangélico mexicano conserva amplios vínculos con su contraparte estadounidense puede provocar una respuesta defensiva. Cuando me arriesgué a preguntar sobre el tema al presidente de Confraternice, Arturo Farela, respondió, "No tenemos ningún trato con Bush. No dependemos ni económicamente ni eclesiásticamente de los gringos. Esta es una visión propia." Ni él ni yo habíamos mencionado a George W. Bush antes de ese momento, y el comentario espontáneo me tomó por sorpresa. Sin embargo, el mismo pastor evangélico que se molesta con la mínima mención de un nexo institucional con Estados Unidos también profesa cierta admiración hacia las circunstancias históricas que rodearon el nacimiento del poderoso vecino de México. "Los Estados Unidos fue fundado sobre la Biblia, y creemos que la bendición de los Estados Unidos consiste en que los conquistadores de esa tierra trajeron no una religión sino la palabra de

Dios", dijo Farela. "En América Latina, no trajeron la palabra de Dios, sino una religión impuesta."

Según Farela, la propagación de la cristiandad evangélica en México tiene menos que ver con el malinchismo que con las propias fallas de la Iglesia Católica. "Los mexicanos no han encontrado respuestas a sus necesidades en la religión católica", dijo Farela, quien se convirtió a la edad de 23 años. "Los católicos hablan del cielo y cómo nos va a ir bien en el cielo. Los evangélicos dicen que no, el cielo está aquí porque el reino de Dios está aquí en la Tierra. Mientras ellos ofrecen bendiciones en el futuro, el mensaje de los ministros evangélicos es que las bendiciones están en el presente."

En comparación con la tradicional misa de una hora de la Iglesia Católica, un estilo muy diferente de cristiandad es lo que ofrece el templo de culto evangélico. Algunos grupos evangélicos ni siquiera se llaman a sí mismos iglesias: Amistad Cristiana está registrada como una asociación civil, un detalle que los pastores destacan durante los tres servicios religiosos que se llevan a cabo los domingos en el interior de un espacioso auditorio en la ciudad de México, que tiene asientos para 2,500 personas.

A sugerencia de la oficina de Farela, visité el Centro Evangelístico Emmanuel, en una polvorienta colonia de la ciudad de México llamada Tránsito, un domingo en la mañana. Me recibió Guillermo Fuentes, un pastor pentecostal de 79 años de edad, quien me dijo que fue llamado al ministerio cuando era apenas un adolescente. Su templo pertenece a las Asambleas de Dios, que vio duplicar sus miembros en los últimos 15 años, a unos 400,000. El servicio religioso de dos horas los domingos se llama reunión general y tiene lugar en el austero interior de un auditorio con techo de metal acanalado. El servicio dio comienzo con 30 minutos de cánticos dirigidos por una joven de unos 20 años de edad que estaba acompañada por una banda de tres hombres y una cantante de apoyo. La letra de las canciones pegajosas y con música tipo pop eran proyectadas en una pantalla detrás del escenario que servía como una especie de altar, y los integrantes de la congregación levantaban los brazos como muestra de éxtasis religioso cuando cantaban Aleluya, Aleluya, Nuestro Dios, Poderoso es Rey.

A juzgar por su modesta indumentaria y apariencia física, casi todos los fieles reunidos provenían de la clase obrera para abajo. Cuando la ronda inicial de canciones concluyó, Fuentes tomó el micrófono y presentó a un joven en la multitud que acababa de salir de la prisión. "¿Hemos venido principalmente para qué?", preguntó el pastor a la congregación. "¡Para adorar a Dios!" respondieron los fieles a coro. En respuesta, la banda tocó una canción llamada Vine a Adorar a Dios, y luego un joven pastor se colocó en el centro del escenario para dar un sermón de 25 minutos. Cuando terminó el sermón, pidió que levantaran la mano quienes querían tener un encuentro íntimo con Dios. Los voluntarios fueron invitados a pasar al pie del escenario, en donde se les entregaron ejemplares del Nuevo Testamento y luego los acompañaron fuera del salón principal para sostener sesiones privadas de instrucción y asesoría. La parte del servicio que tenía el parecido más cercano con las prácticas de la misa católica llegó casi al final cuando integrantes de la congregación formaron una fila al frente del escenario para tomar parte de un sacramento llamado la cena del Señor, que evocaba fuertemente el ritual de la Santa Comunión.

El movimiento cristiano evangélico ha demostrado de un modo impresionante el poder que tiene para atraer a la gente con servicios intersectarios, que han llenado el inmenso Estadio Azteca de la ciudad de México. Pero, ¿el auge evangélico alterará el curso de la política del país en las décadas venideras? Ya está empezando a suceder en algunas partes de la nación, si los ejemplos de los estados de Chiapas e Hidalgo merecen tomarse en cuenta, y el pastor Arturo Farela se imagina el día en que un hermano evangélico sea electo para el cargo más alto de la nación. "Están animando a su gente a votar", dice el misionero Butch Frey de las Asambleas de Dios de Estados Unidos. "Yo nunca he visto a nuestros pastores instando públicamente a sus congregaciones a buscar un cargo, pero se sienten sumamente agradecidos cuando los integrantes de su iglesia intervienen en la política."

Pero es difícil imaginar a los cristianos evangélicos mexicanos alcanzar algún día el grado de influencia política ejercida por algunos destacados pastores estadounidenses. La Constitución mexicana prohíbe a los ministros religiosos apoyar abiertamente a candidatos políticos específicos. A diferencia de sus contrapartes al norte de la frontera, que han llegado a ser influyentes pilares del Partido Republicano, los líderes evangélicos mexicanos todavía tienen que encontrar un lugar en un partido político específico, en vista de que el movimiento empezó a distanciarse del PRI en la década de los noventa. Mientras los cristianos evangélicos del país no estén en condiciones de votar en bloque, su impacto en la política será mínimo a nivel nacional, y se limitará en gran medida a aquellas comunidades y estados donde su concentración sea tan significativa, que sea imposible ignorarlos por completo.

ENFERMEDADES *MADE IN USA*

El descenso de Pedro Rocher en el sórdido mundo de la adicción a la cocaína *crack* es una historia triste pero muy conocida para millones de familias estadounidenses. El hijo menor de una secretaria de la ciudad de México empezó a beber alcohol a la edad de 14 años, y un año después fumó marihuana por primera vez. No pasó mucho tiempo antes de que Rocher empezara a inhalar cocaína en polvo, en parte porque quería distinguirse de los niños pobres de su colonia del Distrito Federal, que sólo podían comprar marihuana y oler cemento. "En las películas uno veía a chavos que inhalaban cocaína, y yo tenía ganas de probarla y ver cómo se sentía estar drogado", afirma Rocher, estudiante de artes culinarias, delgado, de barba y con 25 años de edad. "En la colonia, mi hermano y yo éramos de los mejor vestidos, y consumir coca era como tener un estatus social, como decir que yo soy mejor que tú." Una de las películas que le dejó una impresión muy grande a Pedro fue la célebre cinta de Quentin Tarantino realizada en 1994, *Pulp Fiction* (*Tiempos violentos*), y Rocher recuerda en particular la hipnotizadora escena en la que el personaje interpretado por John Travolta, de pelo largo, se inyecta heroína antes de una cita con la esposa de un gángster negro, interpretada por Uma Thurman.

Pero su verdadera caída empezó en 1998, cuando el hermano mayor de Pedro invitó a su casa a un amigo que llevaba unas grapas de cocaína *crack*. Él sabía que su hermano ya fumaba *crack*, y Rocher, que entonces tenía 18 años de edad, también estaba al tanto de las características fuertemente adictivas de la droga. "A mí no me gustaba la idea porque me daba mucho miedo probarla", recuerda. Sin embargo, su resistencia inicial pronto menguó, y más adelante Rocher se volvió un completo adicto. Gastaba una buena parte de su sueldo de mesero en su nuevo narcótico favorito, y cuando lo que ganaba no fue suficiente para cubrir el costo cada vez más alto de su adicción, Rocher fue vendiendo, una por una, muchas de sus pertenencias (chamarras, relojes, anillos, cadenas, dos pares de unos caros tenis Adidas, etc.). En total, Rocher recuerda que consiguió 30,000 pesos por sus bienes para satisfacer su recién adquirido vicio.

Alguna vez ávido atleta al que le encantaba jugar baloncesto, voleibol y fútbol americano, Rocher perdió 15 kilos y abandonó sus estudios en la Universidad Iberoamericana de la ciudad de México, donde se preparaba para chef. Cuando lo conocí en un centro de rehabilitación dirigido por los Centros de Integración Juvenil financiados por el gobierno, Rocher no había tocado el *crack* en casi dos semanas y estaba recuperando su peso normal de 85 kilos. Sin embargo, su actitud impaciente y el rostro demacrado delataban su reciente adicción, y llevaba puesto el uniforme de rigor de la generación hip-hop: unos shorts largos y holgados color azul oscuro, una camiseta color marrón claro (más grande de su talla, que mostraba el único detalle abiertamente mexicano en su ropa esa mañana: el logotipo del equipo de fútbol de los Pumas), tenis Nike grises y calcetines cortos blancos. "Tengo que aceptar el error y reconocerlo ante mi mamá, mi abuela y conmigo mismo", afirma Rocher. "Ya me querían sacar de la casa, me veían mal y muy drogado, y hablaron fuerte conmigo."

Considerado como uno de los principales países que produce y exporta narcóticos para el mercado estadounidense, México tiene ahora un grave problema interno de consumo de drogas. En octubre de 2004, el Consejo Nacional contra las Adicciones (Conadic), de la Secretaría de Salud, informó que alrededor de 1.3 millones de mexicanos eran adictos a algún tipo de droga ilícita. Según el Secretario de Salud, Julio Frenk, 3.5 millones de personas entre las edades de 12 a 65 años han probado narcóticos ilegales; y de acuerdo con el Conadic, 15% de los habitantes de la ciudad de México, dentro de la misma categoría de edad, han probado sustancias prohibidas por lo menos una vez.

Lo más preocupante es que el uso de las drogas duras se ha elevado mucho en los últimos 15 años. En 1990, sólo 12% de los pacientes que buscaron tratamiento por drogadicción en los Centros de Integración Juvenil (CIJ) del gobierno dijeron que habían probado cocaína o *crack*. Después de 10 años, esa cifra había ascendido a más de 71%. En 1994, menos de 3% de dichos pacientes informaban haber usado cristal metanfetaminas por lo menos una vez; para 2003 ese número había aumentado a 11.5%, más de cuatro veces. "Hoy tenemos un problema totalmente distinto al que teníamos en los años 90", afirma David Bruno Díaz Negrete, psicólogo que es subdirector de investigación de la oficina matriz de los CIJ en la ciudad de México. "En los años 70 y 80 había alto consumo de marihuana y solventes inhalables, y era un problema bastante estable. Los años 90 fueron una década de aumento en el consumo de cocaína, y ya muchas personas están iniciándose en el uso de drogas con cristal, crack y heroína."

El consumo de drogas se ha extendido más allá de los jóvenes como Pedro Rocher. Las autoridades mexicanas están alarmadas por los testimonios de que los niños de apenas 10 años de edad han empezado a experimentar con narcóticos. El consumo de las drogas sintéticas como la metanfetamina está aumentando de manera pronunciada entre las mujeres jóvenes que viven en las principales ciudades y a lo largo de la frontera con Estados Unidos.

El fenómeno del narcomenudeo está adquiriendo proporciones inquietantes en la capital. En marzo de 2005, las autoridades revelaron la existencia de 2,111 puntos de distribución "al menudeo", más del triple que los identificados cinco años antes. Debido a que el gobierno de Estados Unidos reforzó la seguridad a lo largo de su frontera sur después de los ataques del 11 de septiembre, la cantidad de cocaína disponible en el interior de México aumentó de un modo espectacular, lo que ha ocasionado que los precios de una "grapa" caigan de 300 pesos a tan sólo 25 pesos. "Inunda cocaína al D. F.", decía el encabezado de un artículo de mayo de 2005 del *Reforma*, que se basaba en una entrevista con el entonces jefe de la policía capitalina, Joel Ortega. "Todo esto viene del proceso de lo que está ocurriendo con los cierres de la frontera del país", afirmó Ortega. "Esto genera que una parte de la droga que iba para los Estados Unidos se esté quedando en México."

Fuera de la capital, la incidencia del consumo de droga muestra una relación muy directa con la disponibilidad de narcóticos. El consumo de cristal metanfetamina es particularmente alto en las ciudades fronterizas como Tijuana y Mexicali, donde la droga sintética se produce en laboratorios instalados en los patios traseros de algunas casas, para su posterior exportación a Estados Unidos. Al parecer, los patrones de migración a Estados Unidos también tienen un efecto: los investigadores han observado un marcado incremento en el uso de heroína y de cristal metanfetamina en estados como Michoacán y Puebla, donde durante décadas han existido altos índices de inmigración a Estados Unidos.

Por lo tanto, la insaciable demanda de drogas ilegales en Estados Unidos ha ocasionado un daño colateral a México de dos maneras: por un lado, ha generado el surgimiento de sanguinarios cárteles de la droga que amenazan con convertir al país en una versión norteamericana de Colombia y, por otro lado, ha propagado una epidemia de consumo interno de narcóticos entre los jóvenes mexicanos.

Sin embargo, algunos estadounidenses ignoran completamente esta última consecuencia de su propio hábito de consumo de drogas. En realidad, el uso de drogas en México es apenas una de las tres enfermedades sociales estadounidenses que en la actualidad afectan a México. Pero usted no se enteraría de esto si escuchara a Lou Dobbs, el locutor rubio y derechista de la cadena CNN, quien nunca pierde la oportunidad, insustancial o infundada, de difamar a México. Ya sea el *outsourcing* de empleos estadounidenses para maquiladoras o los costos supuestamente cada vez más altos que los hijos de trabajadores inmigrantes mexicanos les causan a las escuelas públicas estadounidenses, Dobbs, quien curiosamente está casado con una mujer hispana, parece obsesionado con mostrar a México bajo la peor luz posible.

Su campaña propagandística individual alcanzó, quizás, su peor momento en junio de 2005, cuando invitó a una abogada médica de San Diego, de nombre Madeleine Cosman, para hablar de las enfermedades que presuntamente los inmigrantes mexicanos están trayendo a Estados Unidos. La lista era larga y alarmante, entre ellas estaban la tuberculosis, fiebre del dengue, polio y hepatitis; e incitada por Dobbs, Cosman culpó a estos trabajadores mexicanos de importar "enfermedades que nunca o rara vez hemos visto en Estados Unidos, porque siempre han sido enfermedades de la pobreza y el Tercer Mundo".

La aparición del sida

Los problemas de salud pública efectivamente están cruzando la frontera entre México y Estados Unidos, pero en su mayor parte lo están haciendo en la dirección contraria de la que Dobbs se imagina. Aparte del incremento desmesurado del consumo de drogas en el interior de su país, México está enfrentando un alarmante índice de obesidad, y ahora ocupa el segundo lugar a nivel mundial después de Estados Unidos. Tal vez el ejemplo más inequívoco de una epidemia *made-in-USA* sea la propagación del síndrome de inmunodeficiencia adquirida, mejor conocido como sida. La enfermedad cobró la vida de más de 4,700 mexicanos en el año 2003, y ha matado a más de 40,000 personas a la fecha. Las estadísticas del número de pacientes que han dado resultados positivos en las pruebas del virus de inmunodeficiencia humana (VIH) van desde 182,000 hasta 220,000. (La diferencia básica entre un paciente con sida y alguien que simplemente tiene resultados positivos del VIH se reduce a la presencia de los síntomas clásicos de la enfermedad, en el primero, y la ausencia de dichos síntomas externos, en el segundo.)

En el verano de 1983, dos años después de que los *Centers for Disease Control* (Centros de Control de Enfermedades), con sede en Atlanta, informaron de las muertes de cinco jóvenes homosexuales en Los Ángeles de una rara enfermedad que más tarde sería identificada como sida, médicos mexicanos habían encontrado en su país sólo un paciente con síntomas similares. Era un haitiano que vivía en la ciudad de México, y que posteriormente murió de la enfermedad. Recién en el otoño de 1983, los médicos diagnosticaron en un paciente mexicano la enfermedad del sida. Era un homosexual bien parecido, de 32 años de edad, que realizaba frecuentes viajes a la ciudad de Nueva York, ya que era sobrecargo de la línea de aviación Mexicana. Según el mismo paciente admitió, había llevado una vida sexualmente promiscua, y aunque los médicos del Instituto Nacional de Ciencias Médicas y Nutrición Salvador Zubirán, en la ciudad de México, nunca consiguieron identificar cuál de los muchos amantes del paciente lo había infectado, quedaba claro que había adquirido el sida durante una de sus frecuentes estancias en Nueva York.

No era un caso aislado. De acuerdo con el doctor Guillermo Ruiz-Palacios, jefe del departamento de infectología del Instituto, quien estudió en Estados Unidos y trató todos los primeros casos de sida en México, por lo menos otros tres sobrecargos de Mexicana de Aviación que trabajaban en las rutas de Nueva York y San Francisco, también tuvieron resultados positivos del VIH en ese periodo. "Era por tanto aparente el carácter importado de la naciente epidemia en México", escribió Donato Alarcón Segovia, colega de Ruiz-Palacios en el Instituto y coautor del libro publicado en el año 2004, *El sida en México: 20 años de la epidemia.*

Casi 5,000 nuevos casos de sida se diagnostican cada año en México, y el número de muertes relacionadas con el sida colocó al país en sexto lugar en el hemisferio occidental en el año 2003. El epicentro de la epidemia es el Distrito Federal, en donde a finales de 2004, 218 personas de cada 100,000 habitantes habían contraído la enfermedad, seguido por los estados de Baja California (147), Yucatán (132.4) y Morelos (126.7).

La epidemia del sida en México se ha estabilizado en los años recientes, y Ruiz-Palacios reconoce el mérito del gobierno del presidente Vicente Fox por la adopción de políticas previsoras, como la dotación gratuita de fármacos anti-sida, tales como AZT, a pacientes infectados.

La Secretaría de Salud también ha lanzado campañas publicitarias animando públicamente a los ciudadanos a que se realicen pruebas para detectar la enfermedad. "Este programa ya tiene alrededor de cinco años para la población general, y cada estado tiene sus centros de atención", observa Ruiz-Palacios. "Si no existiera el compromiso que ha demostrado este gobierno, estaríamos fácilmente por arriba de Brasil (donde murieron de sida el triple de personas en el 2003)."

Expertos han identificado tres fases específicas en la evolución del sida en México. El grupo inicial de pacientes, que sumaron casi 100 provenía del *jet set* del país, homosexuales y bisexuales mexicanos acaudalados que hacían visitas frecuentes a Estados Unidos y a las ciudades de Nueva York y San Francisco, particularmente. La segunda oleada de casos correspondió a mexicanos que recibieron transfusiones de sangre contaminada de empresas sin escrúpulos que habían extraído parte de sus suministros de donantes con resultados positivos de VIH (a esa fase se le puso fin de un modo efectivo mediante la aprobación, por parte del Congreso mexicano, de una ley, en 1985, que prohibía la venta comercial de sangre). La tercera fase apareció a finales de la década de los ochenta, proveniente de las filas de inmigrantes mexicanos en Estados Unidos que habían contraído la enfermedad mediante relaciones sexuales con homosexuales y prostitutas infectados. Muchos de estos inmigrantes eran bisexuales de clóset que habían dejado a sus familias en casa, y la lista de 10 estados con la incidencia más alta de sida incluye a Jalisco, Veracruz y Guerrero, que por tradición tienen porcentajes altos de trabajadores que cada año se dirigen a la frontera estadounidense en busca de empleo.

Las comunidades de homosexuales y bisexuales del país siguen siendo la población más afectada por la epidemia del sida en México. No obstante, ya no constituyen el abrumador porcentaje de casos: mientras cerca del 80% de los pacientes infectados del país estaba constituido por homosexuales y bisexuales en la década de los ochenta, esa cifra ha disminuido a un promedio de 50 y 60%. En la actualidad los inmigrantes constituyen una parte importante de la población total en riesgo de sida: alrededor de uno de cada cinco mexicanos con resultados positivos en la prueba del VIH han pasado un tiempo en Estados Unidos, donde se cree que adquirieron el virus. El número de inmigrantes infectados es de lo más sorprendente cuando se mide como porcentaje de la población total de trabajadores migratorios. Si bien se calcula que 200,000 mexicanos con VIH representan menos del 0.2% de la población nacional, se estima que los trabajadores inmigrantes afectados con el virus representan el 2% del número total de ciudadanos mexicanos que trabajan en Estados Unidos.

Los efectos de la americanización en este sector particular de la población mexicana están documentados por los investigadores. La peligrosa combinación de aislamiento social en Estados Unidos, a la que se agrega la libertad sexual y la ausencia casi total de cuidados preventivos, fundamentalmente el uso de preservativos, además de una abundante oferta de prostitutas, a menudo produce cambios asombrosos en las prácticas y actitudes sexuales de los inmigrantes mexicanos.

A principios de la década de los noventa, el investigador argentino del sida, Mario Bronfman, entrevistó a inmigrantes del pueblo de Gómez Farías en Michoacán que viajaban con regularidad a trabajar al pueblo agrícola de Watsonville en California. La "gran mayoría afirma que su sexualidad se vio modificada por la migración", señaló Bronfman en un artículo que escribió en coautoría con Nelson Minello, titulado "Hábitos sexuales de los migrantes temporales mexicanos". "En primer lugar, una mayor proporción con respecto a quienes se quedan en México expresó tener múltiples parejas sexuales, y el recurso de la prostitución parece ser más utilizado… En cuanto a las prácticas aprendidas, se señalaron insistentemente cambio de posiciones en el coito vaginal, relaciones orales (admitidas en mucho mayor proporción que en México) y, a veces, relaciones anales con mujeres."

Un inmigrante utilizó un lenguaje particularmente pícaro para describir los nuevos horizontes sexuales que exploró al norte de la frontera. "Son diferentes, acá conocí a gabachas que les gusta hacerlo de diferentes maneras", le dijo a Bronfman. "En México yo sólo lo sabía hacer por delante y creo que nunca una chava me había hecho sexo oral, pero acá lo hago y me gusta que me lo hagan. Aprendí mejores maneras de hacerlo: a gatas, orales mutuas, ella arriba, parados, y pocas veces anales. Sí he cambiado, allá se saben otras cosas y aquí, de regreso, pues ya uno es libre de practicarlo con su señora."

Pero las esposas de algunos inmigrantes son contaminadas

por sus esposos que son VIH-positivos cuando regresan de Estados Unidos. El número es relativamente pequeño: por cada cuatro hombres que se diagnosticaron con sida en 2004, hubo sólo una mujer que se descubrió que había contraído la enfermedad. Sin embargo, el inicio de la enfermedad a menudo toma a las mujeres completamente por sorpresa, y en algunos casos sus esposos nunca reconocen su responsabilidad de haberlas infectado.

Una campesina de 36 años de edad, de nombre Minerva, empezó a observar que su salud decaía abruptamente durante el invierno de 1998. El hombre con el que estaba casada, Edgar Román, había estado trabajando de lavaplatos en Nueva Jersey y regresó a su casa en la ciudad de Córdoba, Veracruz, para pasar las fiestas navideñas de 1997. Unas semanas después de la partida de Román a Estados Unidos, a Minerva se le empezó a caer el cabello, la piel se le puso de un pálido matiz amarillento y los brazos se le llenaron de ampollas rojas, que normalmente se asocian con herpes. Perdió el apetito, lo que le provocó la pérdida de 20 kilos de peso, y le apareció una infección micótica llamada *candidiasis* a lo largo de la membrana de la faringe, el conducto que une la boca y el paso nasal con el esófago. Avergonzada al darse cuenta de que podría haber adquirido la letal enfermedad, Minerva buscó tratamiento para los síntomas en un hospital del gobierno en Córdoba, con un nombre falso. "Me dio pena", explica Minerva, que fue mesera y conoció a Edgar en un restaurante de mariscos en el que trabajó a mediados de la década de los noventa. "Me dije a mí misma, 'Ayyy, qué van a decir mis vecinos, me van a juzgar.'"

Cuando los médicos le informaron que sus resultados eran positivos en la prueba del VIH, Minerva estaba consternada. Durante el tiempo que Edgar había estado lejos en Nueva Jersey, ella no había tenido contacto sexual con ningún otro hombre ni había recibido transfusiones de sangre que pudieran haber estado contaminadas. Católica devota, Minerva nunca había probado drogas ilegales, y mediante el proceso de eliminación, llegó a la conclusión de que la enfermedad sólo podía haber venido de su esposo.

Cuando regresó a Córdoba, en diciembre de 1998, para las fiestas de fin de año, Edgar se rehusó a aceptar la culpa de la enfermedad de su mujer, y en vez de eso la interrogó severamente sobre cómo podría haber contraído el sida. Esa fue la última vez que lo vio. Cuando Edgar se fue de la ciudad para dirigirse otra vez a Estados Unidos en el año nuevo, Edgar prometió enviarle dinero a Minerva para ayudarla a pagar su tratamiento. Pero luego se esfumó por completo.

Enferma y sin dinero, Minerva se trasladó al pueblo de La María, en el estado de Puebla, donde vivía su madre de 63 años de edad. En el año 2001, se registró como paciente en un hospital de la capital del estado, administrado por el Instituto de Seguridad y Servicios Sociales de los Trabajadores del Estado (ISSSTE), y los médicos le prescribieron medicinas anti-retrovirales para el tratamiento de los síntomas.

Durante los últimos cuatro años Minerva ha estado tomando un cóctel de medicamentos dos veces al día que consiste en zidovudina, nelfinavir y lamivudina. Su porción mensual de medicamentos tiene un costo de 10,000 pesos, pero el ISSSTE los entrega en forma gratuita, y las medicinas han obrado maravillas en Minerva. El cabello negro y lacio le ha vuelto a crecer, recuperó el color moreno de su piel, su cuenta de leucocitos CD4 es normal y ha subido 10 kilos de peso.

El pronóstico de largo plazo de Minerva es alentador. Su

médico dice que puede llevar una vida normal y larga siempre y cuando siga tomando su dosis de medicamentos anti-retrovirales dos veces al día. "Ya no tengo miedo de morir", afirma Minerva, quien se gana la vida a duras penas trabajando en la labranza en unos maizales cerca de la casa de su madre. Pero saber que es VIH-positivo sigue perturbándola: no le ha dicho a nadie de su enfermedad, aparte de su madre, su hermano y el médico. Al menos por ahora, se ha resignado a ser soltera. "No tengo pareja", dice "ni quiero tenerla".

EL PROBLEMA DE PESO DE MÉXICO

La tercera tendencia hacia la mala salud en México que evoca sorprendentes paralelos con Estados Unidos puede verse en los abultados abdómenes de sus habitantes.

En los últimos años, México recibió la dudosa distinción de tener el índice de obesidad más alto a nivel mundial después de Estados Unidos. Un estudio realizado en junio del año 2003 por la Secretaría de Salud de México reveló que 36% de todas las mujeres entre las edades de 18 a 49 años tenían sobrepeso, y otro 28% eran obesas, término médico aplicado a los individuos que exceden su índice de masa corporal ideal en cinco puntos en una escala deslizante basada en estatura y peso. A manera de comparación, en un estudio similar conducido en 1988, se observó que el 24% de las mujeres mexicanas tenían sobrepeso y apenas el 9% eran obesas. La tendencia también salió a la superficie en un grado ligeramente menor entre los hombres adultos, de los cuales el 41% tenían sobrepeso y el 19% entraban en la categoría de obesos.

Esto podría ser algo para tomarse en broma si no fuera por los graves riesgos de salud vinculados con la obesidad. El número de mexicanos que mueren de diabetes, que está estrechamente relacionada con el exceso en el comer y con la obesidad, ha estado aumentando en alrededor de 5,000 cada año desde 2001. Eso debería sorprender: la diabetes es una enfermedad que tradicionalmente se ha asociado con las naciones ricas, y México sigue siendo un país del Tercer Mundo, en donde casi la mitad de sus habitantes viven por debajo del nivel de pobreza. Pero la diabetes cobró la vida de más de 59,000 mexicanos en el año 2003, lo que la convirtió en la principal causa de muerte del país. Y con más de siete millones de diabéticos en una población de 105 millones, México tiene ahora el más alto índice de diabetes per capita entre los principales países del mundo.

Es tentador atribuir este grave problema de salud pública a la proliferación de establecimientos de comida rápida estadounidenses en la era del TLCAN. Casi todas las principales cadenas de comida chatarra estadounidenses tienen sucursales en las principales ciudades del país, desde Burger King y McDonald's hasta Kentucky Fried Chicken y Papa John's. Tanto Burger King como McDonald's han introducido la nociva práctica de darle a los clientes la opción de comprar sus hamburguesas y papas fritas en cantidades más grandes, y los mostradores de algunos cines han hecho lo mismo al ofrecer cubetas inmensas de palomitas colmadas de mantequilla y vasos de refrescos con abundante azúcar. Un funcionario de la Cámara Nacional de Restaurantes de México recientemente culpó a la popularidad de las Big Macs y las pizzas por el descenso del 50% en las ventas de tortas en los 10 años a partir de que entró en vigor el TLCAN.

Y mientras la venta de tortillas está ascendiendo en Estados Unidos, el consumo *per capita* del alimento básico mexicano ha bajado 25% entre 1998 y 2004, de acuerdo con la Cámara Nacional del Maíz Industrializado.

La penetración de la cultura de la comida rápida la ilustró claramente el doctor Joel Rodríguez Saldaña cuando viajó a Chiapas en el año 2004 para asistir a una convención de médicos, en su calidad de presidente de la Federación Mexicana de la Diabetes. Mientras el taxista lo conducía del aeropuerto de Tuxtla Gutiérrez al centro de la ciudad, observó los logotipos tan famosos de importantes cadenas de comida rápida estadounidenses que llenaban la avenida principal de la capital del estado. "Me da mucho gusto estar en esta ciudad para poder disfrutar la comida típica", recuerda Rodríguez que les dijo a los asistentes a la convención en un tono sarcástico. "Era todo lo que había. Hay restaurantes de comida chatarra, es lo que la gente encuentra y es lo que la gente come."

No pueden negarse las incursiones que los Arcos Dorados y el Coronel Sanders han hecho en el México del siglo XXI. Miguel Darío Hernández Reseldes es un vivo ejemplo de los riesgos de salud que se derivan de ingerir comida chatarra. Con apenas 22 años de edad, el trabajador de servicios sociales ya luce una gran papada y una generosa "llanta" de grasa alrededor de su cintura, pero eso no le impide visitar periódicamente un establecimiento de Burger King en el centro histórico de la ciudad de México. "Vengo aquí unas dos veces por semana después del trabajo y pido una Whopper, un refresco y papas fritas", dice Hernández Reseldes con voz apagada y vacilante. "No llego a casa sino hasta las seis de la tarde, así que quiero comer algo antes de llegar."

Pero no es sólo la debilidad por las grasientas hamburguesas y los aros de cebolla fritos lo que invita a los mexicanos a frecuentar estos establecimientos tan comunes del *American way of life*. También es el ritmo cada vez más agitado de vida en las grandes ciudades del país, que es en sí mismo otro síntoma de americanización. Muchos oficinistas ya no se dan el lujo de ir a casa a la hora de la comida a disfrutar de su tradicional comida de tres tiempos, que puede durar hasta tres horas. "Elijo Burger King porque es rápido", explica José Manuel López, un empleado administrativo civil de 36 años de edad que trabaja en el ejército mexicano. "No tenemos mucho tiempo para comer en México en estos días."

Para ser justos, hay una combinación de factores que impulsan el fenómeno de la obesidad en México y el aumento vinculado de los casos de diabetes. Factores genéticos predisponen a algunos mexicanos a desarrollar diabetes en un nivel más bajo de obesidad que en otras poblaciones. La cocina tradicional mexicana adquirió un contenido mayor de grasa en los tiempos modernos. La proliferación de tiendas al estilo estadounidense como las cadenas Extra y Oxxo han hecho que los antojitos cargados de calorías como las papas fritas y las galletas estén más a la mano que nunca antes. Los altos índices de delincuencia, la contaminación del aire y el número cada vez mayor de gente que tiene su propio automóvil desalientan a los habitantes de la ciudad a trasladarse a pie al trabajo, lo que favorece un estilo de vida más sedentario. "Vivimos en un ambiente obesigénico que nos conduce a la obesidad", advierte el doctor Juan Rivera Dommarco, director del Centro de Investigación en Nutrición y Salud del Instituto Nacional de Salud Pública en Cuernavaca. "Son procesos propios de la modernización, y ahora uno tiene que defenderse para no ponerse obeso."

El fenómeno de la obesidad afecta a los mexicanos de todos los estratos sociales y las regiones del país. Cuando Rivera vio por primera vez los resultados de un estudio nacional de nutrición patrocinado por el gobierno en 2001, que indicaba un aumento pronunciado de los porcentajes de mexicanos que tenían sobrepeso o eran obesos, pensó que los mayores incrementos se concentrarían en la ciudad de México y los estados del norte que se ubican a lo largo de la frontera con Estados Unidos. Pero la región del sur del país había, de hecho, registrado un mayor incremento que la capital.

La tendencia también abarcaba a los habitantes rurales, 44% de los cuales resultaron tener sobrepeso u obesidad, y estaba presente en todos los niveles de ingreso: entre los mexicanos pertenecientes a la quinta parte más pobre de la población, el porcentaje de gente que excede su índice ideal de masa corporal era casi tan alto (52) como en la quinta parte más acaudalada (54). La frecuencia de los problemas de peso fue inclusive mayor entre los mexicanos en las tres categorías de ingreso medio, 62% de los cuales se observó que tenían sobrepeso o eran obesos.

Los niños también están siendo víctimas de esta tendencia. Uno de cada cuatro niños mexicanos entre las edades de 5 a 11 años necesita perder peso, y entre los niños de cinco años de edad y menores, el porcentaje de sobrepeso y de obesidad aumentó de 4.2% en 1988 a 5.4% a finales de la década de los noventa. "Estamos hablando de problemas muy serios en todos los grupos", concluye Rivera. "La obesidad y sus consecuencias como hipertensión, diabetes y muerte prematura son problemas tan serios que uno puede ir convenciendo a todo el mundo de la necesidad de cambiar todo esto."

Curar a México de sus tres enfermedades sociales *made in*

USA no será fácil. Pero al mismo tiempo, hay que poner estos desafíos de salud pública en perspectiva: afortunadamente los mexicanos todavía están muy atrasados con respecto a sus vecinos en la cantidad de drogas ilegales que consumen, la tasa del sida en la población en general y el tamaño de sus barrigas. Se han logrado avances dignos de mención en la lucha contra la epidemia del sida, que se ha estabilizado en los últimos años, en gran medida gracias a las previsoras políticas gubernamentales. En la actualidad hay 96,000 casos de sida confirmados en todo el país, y entre los países del hemisferio occidental, México se sitúa cerca de las posiciones más bajas en la incidencia de la enfermedad *per capita*. Los mexicanos afectados con la enfermedad ya no se enfrentan necesariamente a una muerte prematura gracias a los medicamentos anti-sida que su gobierno les proporciona de forma gratuita.

Pero el problema de la obesidad probablemente persistirá en las décadas futuras. México es, después de todo, el país con la también dudosa distinción de tener el consumo *per capita* más alto de Coca-Cola, y las cinturas de sus ciudadanos seguirán creciendo mientras más mexicanos se muden a las ciudades del país y cadenas de comida chatarra abran más sucursales.

El narcotráfico también seguirá floreciendo en el futuro previsible como una de las principales industrias en crecimiento del país. Eso no cambiará mientras Washington no legalice el consumo de drogas como la cocaína y la marihuana, o emprenda un esfuerzo concreto para controlar el uso ilegal de drogas entre sus propios ciudadanos. No obstante, parece que a la mayor parte de los políticos republicanos y demócratas le basta con apoyar el cumplimiento de las leyes actuales anti-drogas en Estados Unidos, en vez de promover políticas que atiendan las causas fundamentales del insaciable hábito de consumir drogas de su sociedad. Los efectos secundarios en México probablemente durarán casi todo este siglo. "Hay una influencia del comportamiento del problema en los Estados Unidos", afirma David Bruno Díaz Negrete de los Centros de Integración Juvenil de México. "La demanda y oferta de la droga están relacionadas estructuralmente con la oferta y demanda de drogas en los Estados Unidos, como fenómenos económicos. Son formas de vida que de alguna manera estamos heredando de los Estados Unidos."

Un país invadido

Pocas ciudades mexicanas ostentan una plaza central que pueda igualarse al majestuoso zócalo de Puebla. Sobresale la catedral del siglo XVII y sus torres de 69 metros de altura, las más altas de la república, y al otro lado de la plaza se ubica el Palacio Municipal, un edificio imponente de la *belle époque* que se yergue como monumento a la moda arquitectónica del porfiriato. El zócalo está coronado por una atractiva fuente, y conserva el verdor que alguna vez fue la marca distintiva de su tocayo de la ciudad de México antes de ser reducido a una desnuda losa de cemento. Por la noche, las fachadas de los edificios que dan al zócalo, iluminadas con reflectores, embellecen aún más el escenario.

No obstante, las galerías que están en la planta baja de estos edificios están ocupadas por algunas de las marcas más conocidas de la industria de comida rápida estadounidense que se extiende por todo el mundo. Burger King, McDonald's y Carl's Jr. hacen prósperos negocios entre la multitud que pasea por el centro de la ciudad, y a unos pasos de la plaza, Subway, Kentucky Fried Chicken y Domino's Pizza ofrecen alternativas con precios competitivos al consumidor cansado de hamburguesas. Se ven penosamente fuera de lugar en el centro de una ciudad que fue declarada patrimonio mundial por la UNESCO, pero a los adolescentes poblanos no parece importarles. Cuando entre semana terminan las clases, en las tardes convergen en las mesas colocadas en las aceras afuera de estas sucursales de comida rápida, y se pueden reconocer ahí a los hijos de la clase media de la ciudad por las gorras de béisbol y los tenis *Converse All Star* que llevan puestos.

Durante mis viajes por México, no recuerdo haber visto en ningún sitio un contraste tan marcado entre el pasado católico con un fuerte sabor español y su presente y futuro cada vez más americanizado. El escritor Carlos Monsiváis describió en una cita célebre a los habitantes de clase media alta de las colonias exclusivas de la ciudad de México como la primera generación de estadounidenses nacidos en México y así, estos jóvenes poblanos se parecían y se comportaban como descendientes espirituales de dicha generación. Ya entrada la tarde me senté con una alumna de letras de la Universidad Autónoma de Puebla que tenía 24 años y se llamaba Mary Carmen Méndez. A diferencia de la mayoría de sus compañeros, Méndez tiene un contexto de referencia que trasciende el continente norteamericano. Vivió en España hasta la edad de 13 años y todavía se le nota en el hablar el ceceo distintivo de la madre patria. Y tal vez debido a esa circunstancia y a su propia postura política de izquierda, Méndez sea quizá más sensible a las influencias americanizantes que inundan todo el país que el mexicano promedio de su generación. "He adoptado el sentido del humor de los Estados Unidos, y me río más de una comedia norteamericana que de una comedia mexicana", afirmó Méndez. "Casi todas las películas que vemos son de allá. Hay una tendencia a trabajar cada vez más horas, y pasar más horas en la oficina implica un mayor compromiso con la empresa. Me siento un poco invadida, pero pareciera que no hay forma de contrarrestarlo."

Invadida. Esa sola palabra capta de la mejor manera lo que le ha sucedido a México en el siglo XXI. La moda, la comida, las frases, los símbolos de posición social, las enfermedades sociales, las tiendas departamentales, los turistas y los jubilados gringos, las denominaciones religiosas y la fe en el evangelio del libre comercio, todos provenientes de Estados Unidos, se han establecido dentro de México en diferentes grados. El país y su gente conservan una identidad nacional fuerte, y en estas páginas he tratado de definir los límites de la americanización. En el campo, el impacto del fenómeno se limita a la dependencia de millones de familias en las remesas, la continua falta de empleos en el sector agrícola, el advenimiento del sida y, desde luego, el letrero omnipresente de Coca-Cola.

Pero en las ciudades y entre las clases media alta y alta del país, la americanización de México es un hecho indiscutible de la vida. En el siglo XXI, México parece, de hecho, una colonia económica de Estados Unidos en donde una gobernadora de izquierda proclama con orgullo que su estado es "binacional", donde el empleador más grande del sector privado es Wal-Mart, donde el banco más grande pertenece a Citigroup, donde el heredero de su imperio más grande de televisión y radiodifusión manda a su esposa a San Diego a dar a luz a su primer hijo, donde el 81% de la población se iría a El Norte si tuviera la oportunidad, donde la hamburguesa al estilo Big Macs y Whopper está desafiando a la torta como el sándwich preferido, y donde el dueño de la empresa con mayor presencia global afirma que su país pertenece a América del Norte y no a América Latina.

Esta tendencia imparable en la sociedad mexicana ha ido ganando impulso durante más de dos décadas. Cuando estaba terminando su libro *Vecinos Distantes* a principios de la década de los ochenta, Alan Riding advirtió de los peligros inherentes de la americanización de los estratos sociales altos del país. "La mayoría de la gente —los campesinos, los habitantes pobres de las ciudades grandes, los que viven en pequeñas ciudades de provincia— que lucha por afrontar sus problemas en términos mexicanos… nunca se cuestiona su identidad como mexicanos", escribió Riding. "La clase media y los ricos, en contraste, están atrapados en un futuro sin raíces, y adoptan con avidez costumbres y valores no mexicanos, y creyendo en muchos casos que tienen la opción de convertirse en estadounidenses." Si el PRI era complaciente con los valores americanizados de estos malinchistas de nuestros días, advertía Riding, corría el riesgo de ir debilitando el sistema de control político que había construido con cuidado en el curso de más de cinco décadas. "Al tratar de hacer al país más superficialmente democrático, más occidental, más "presentable" en el extranjero, las raíces del sistema en la población se han debilitado", señaló Riding. "Cuanto más responda el sistema a la minoría americanizada, más evidentes serán las contradicciones dentro del país."

Unos años después, la aclamada periodista Alma Guillermoprieto planteó un par de preguntas a manera de examen de conciencia en un artículo que escribió para la revista *The New Yorker* meses antes de que entrara en vigor el TLCAN en 1994. "Lo que la gente quiere saber sobre la violenta embestida de modernidad que se avecina es: ¿de qué manera lo mexicano será moderno? O, más bien, en vista de que todo lo moderno proviene de un enorme y poderoso país al norte, ¿cómo lo mexicano se va a parecer a Estados Unidos?" Estos asuntos perturban a los intelectuales mexicanos que discreparán con la premisa fundamental de este libro. En una columna que escribió para *Reforma* en diciembre del año 2003, en la que comparaba la experiencia histórica de Puerto Rico como una cuasi colonia de Estados Unidos, con la de México y su vecino del norte, un pesimista Lorenzo Meyer abordaba la posibilidad de que su país pudiera terminar por ser un satélite del Gran Coloso en todo, excepto el nombre. "¿Qué hay del esfuerzo de dos siglos para lograr la independencia y consolidar el nacionalismo?" preguntaba Meyer. "Al final, ¿México se encamina, en los hechos, a ser también Estado asociado (como Puerto Rico)? ¿En las condiciones actuales es incompatible la independencia con el crecimiento económico? ¿Será sólo la preservación de la 'identidad cultural' lo único que podemos salvar del desastre?"

GOLPES ENTRE VECINOS

Hay señales incipientes de un contragolpe que avanza frente a la americanización del México de hoy. El anti-americanismo ha gozado de un resurgimiento en toda América Latina, gracias en gran parte a las políticas y el estilo peculiar de gobernar de George W. Bush. La izquierda mexicana se ha reanimado con la inclinación hacia la izquierda de los electores de algunos países importantes de América del Sur, y el político que está mejor posicionado para conducir esa ola dentro del país es el candidato presidencial del PRD, Andrés Manuel López Obrador. Sin embargo, el abanderado del partido resistió la tentación de jugar la carta anti-Estados Unidos durante los primeros meses de su campaña. Otros no han mostrado en absoluto dicha moderación. Cuando el subcomandante Marcos anunció planes en el verano del 2005 de asumir una posición activa en la política electoral del país, hizo una sonora denuncia del *statu quo* neoliberal de la nación y los norteamericanos a los que supuestamente beneficia. "Lo que está sucediendo en México es que se ha convertido en un lugar donde la gente nace y muere con el único fin de trabajar para el enriquecimiento de los extranjeros, principalmente los gringos ricos", declaró en un comunicado.

El heredero designado por López Obrador a la jefatura de gobierno de la ciudad de México ha hecho suya la causa antiestadounidense. En la ceremonia de clausura de un festival cultural cubano llevado a cabo en Coyoacán en julio de 2005, el ex–secretario de Seguridad del gobierno de la ciudad de México, Marcelo Ebrard, expresó palabras de elogio para la Revolución Cubana y su espíritu ideológico afín a Venezuela. "Para todos nosotros, la lucha que ha dado el pueblo de Cuba es un ejemplo", afirmó el candidato a la jefatura de gobierno del Distrito Federal por el PRD para las elecciones de 2006. "La dignidad que ustedes han mostrado frente a la bota norteamericana tiene un significado histórico para nosotros." En presencia del embajador de Venezuela en México y el encargado de negocios de la embajada cubana, Ebrard dio la bienvenida al reciente lanzamiento de la cadena de noticias por cable Telesur de Hugo Chávez. "Nos da mucho gusto la noticia de que vamos a tener Telesur, o sea, un canal latinoamericano para todos los latinoamericanos, porque la información que nos llega a México es la que quiere Estados Unidos, no lo que ustedes están haciendo."

Las palabras de Ebrard serán repetidas por otros candidatos a cargos públicos para 2006. "Todos participarán en el golpe a

Estados Unidos", predice Jorge G. Castañeda. "La elite política es más anti-estadounidense que nunca por una sencilla razón. El PRI no era anti-estadounidense cuando estaba en el poder porque no podía serlo. Ahora que está en la oposición es irresponsablemente anti-americano, y saben perfectamente bien que si algún día recuperaran el poder volverían a adoptar la misma actitud que tenían antes, que era la de deshacerse de todo eso." Pero mucho tiempo después de que haya terminado el ruido y la furia de la campaña para las elecciones de México, la americanización del país continuará de manera inexorable. Ese será el caso incluso si López Obrador se convierte en el primer miembro del PRD en llegar a Los Pinos. En su libro *Un proyecto alternativo de nación*, López Obrador dedicó apenas dos páginas al tema de las relaciones con Washington, y se limitó a clichés predecibles sobre la necesidad de proteger los derechos de los trabajadores mexicanos en Estados Unidos y buscar una relación que se base en los principios del "mutuo respeto y colaboración." Sus palabras, cuidadosamente escogidas, reflejaron un reconocimiento pragmático de la importancia que tiene Estados Unidos para la prosperidad futura de México. "La proximidad geográfica al principal mercado y su posición como frontera cultural le confieren a México una posición estratégica de gran relevancia", escribió López Obrador. "Se trata, ni más ni menos, de la relación bilateral más intensa del mundo."

¿VERDADERO SOCIO O UN MERO APÉNDICE?

Para algunos analistas especializados en asuntos internacionales, el estado actual de los vínculos entre Estados Unidos y México debe evolucionar hacia un modelo similar al de la Unión Europea. Señalan los enormes beneficios que la UE ha llevado a los países europeos relativamente más pobres como Portugal e Irlanda, en la forma de ayuda económica abundante para mejorar sus estándares de vida y la infraestructura pública. Uno de estos analistas es Robert Pastor, el ex-funcionario del gobierno de Carter, quien propuso la creación de una comunidad norteamericana que promoviera un mayor grado de integración política, económica y social entre Estados Unidos, México y Canadá. Si los socios norteamericanos del tratado comercial de México siguieran los ejemplos de Francia y Alemania, e invirtieran grandes sumas de dinero en la economía y la sociedad mexicana, los beneficios de largo plazo para Estados Unidos superarían con creces sus costos iniciales. "La aportación de Estados Unidos sería mucho menos que la ayuda europea a sus estados miembros más pobres y apenas una mitad del monto de la ayuda del gobierno de Bush a Irak", escribió Pastor en el número de enero/febrero de 2004 de la revista *Foreign Affairs*. "El rendimiento de una inversión en México, además, beneficiaría a la economía de Estados Unidos más que cualquier programa de ayuda en la historia."

No obstante, una mayor integración con México no es un concepto que se venda en el clima político que prevalece dentro de Estados Unidos en la actualidad. Muy por el contrario: encabezado por locutores de derecha como Lou Dobbs de CNN y el presentador de Fox News, Bill O'Reilly, los golpes al vecino también volvieron a estar de moda al norte de la frontera. El actor Arnold Schwarzenegger explotó el resentimiento contenido hacia los inmigrantes mexicanos con el fin de ganar la elección como gobernador de California, y los electores en el vecino estado de Arizona aprobaron mediante una polémica votación la iniciativa para restringir los servicios del gobierno a trabajadores indocumentados en el año de 2004. El amplio acuerdo de inmigración que Vicente Fox trató de conseguir al inicio de su presidencia para legalizar la situación de millones de trabajadores mexicanos parece más escurridizo que nunca. En un momento en que la cámara baja del Congreso de Estados Unidos ha votado por levantar muros de cemento a lo largo de más de 1,100 kilómetros de la frontera que comparten ambos países, hay poco entusiasmo por las propuestas inspiradas en la Unión Europea de acercar aún más a las dos naciones de lo que ya están. "Seguir el modelo europeo, con el tiempo le dará a Canadá y a Estados Unidos un mejor socio comercial al sur, y un México más próspero repercutirá en menos inmigrantes ilegales", afirmaron Rafael Fernández de Castro y Rossana Fuentes Berain en las páginas editoriales de *The New York Times* en marzo de 2005. "Sin duda, este nivel de cooperación sería una venta difícil para los estadounidenses, quienes darían por sentado que serían los que más tendrían que perder."

Esa suposición puede ser egoísta y miope, pero sigue siendo una cruda realidad. En resumidas cuentas, a la mayoría de los políticos estadounidenses y sus grupos de electores no les interesa arreglar un matrimonio entre su país y México. Prefieren tratar a su vecino del sur como el equivalente internacional de un apéndice que siempre está dispuesto a atender ciertas necesidades indispensables de la sociedad norteamericana cuando se requiere, y a quien se puede no reconocer siempre que convenga a los intereses de Estados Unidos. En el futuro previsible el apéndice seguirá absorbiendo e imitando los valores, los vicios, el estilo de vida y el idioma de su amo más rico y poderoso sin ninguna esperanza realista de que el Tío Sam algún día acepte a México como su verdadero socio en igualdad de condiciones. Sin embargo, independientemente de cuánto más se americanice México en las próximas décadas, todavía seguirá considerándose como un vecino problemático que debe conservarse a una sana distancia. Pobre México, quizá diría Porfirio Díaz si pudiera ver el estado de la nación casi un siglo después de su muerte. Tan cerca de los Estados Unidos, tan lejos de una vecindad digna y respetuosa.

FUENTES CONSULTADAS

Babb, Sarah, *Managing Mexico: Economists from Nationalists to Neoliberalism*, Princeton University Press, Princeton, 2001.

Bizberg, Ilan y Meyer, Lorenzo, *Una historia contemporánea de México. Transformaciones y permanencias*, Océano, México, 2003.

Bronfman, Mario *et al.*, *Sida en México. Migración, adolescencia y género*, Colectivo Sol, México, 1995.

Camp, Roderic Ai, *Mexico's Mandarins: Crafting a Power Elite for the Twenty-First Century*, University of California Press, Berkeley, 2002.

Christensen, Carol y Thomas, *The U.S.-Mexican War*, Bay Books, San Francisco, 1998.

Davidow, Jeffrey, *El Oso y El Puercoespín*, Grijalbo, México, 2003.

De la Madrid Hurtado, Miguel, *Cambio de rumbo. Testimonios de una presidencia, 1982-1988*, Fondo de Cultura Económica, México, 2004.

Fernández, Claudia y Paxman, Andrew, *El Tigre. Emilio Azcárraga y su imperio Televisa*, Grijalbo, México, 2000.

Frum, David, *The Right Man: An Inside Account of the Bush White House*, Random House, New York, 2003.

García Zamora, Rodolfo y Padilla, Juan Manuel (ed.), *La pobla-*

ción de Zacatecas hacia el siglo XXI, Secretaría Académica, Zacatecas, 2000.

Gonzalez, Gilbert G., *Culture of Empire: American Writers, Mexico and Mexican Immigrants, 1880-1930*, University of Texas Press, Austin, 2004.

Masferrer Kan, Elio, *¿Es del César o es de Dios? Un modelo antropológico del campo religioso*, Plaza y Valdés, México, 2004.

Mora–Torres, Juan, *The Making of the Mexican Border: The State, Capitalism, and Society in Nuevo Leon, 1848-1910*, University of Texas Press, Austin, 2001.

Oppenheimer, Andrés, *Bordering on Chaos: Guerrillas, Stockbrokers, Politicians, and Mexico's Road to Prosperity*, Little, Brown and Company, Boston, 1996.

Orme, William A. (ed.), *A Culture of Collusion: An Inside Look at the Mexican Press*, North–South Center Press, Miami, 1997.

Pastor, Robert A. y Castañeda, Jorge G., *Limits to Friendship: The United States and Mexico*, Vintage, New York, 1988.

Riding, Alan, *Distant Neighbors: A Portrait of the Mexicans*, Alfred A. Knopf, Nueva York, 1985.

Riva Palacio, Raymundo, *La prensa en los jardines. Fortalezas y debilidades de los medios en México*, Plaza & Janés, México, 2004.

Scott, Lindy, *Salt of the Earth: A Socio-Political History of Mexico City Evangelical Protestants (1964-1991)*, Kyrios, México, 1991.

Sepúlveda Amor, Jaime *et al.*, *Sida, ciencia y sociedad en México*, Fondo de Cultura Económica, México, 1989.

ÍNDICE ONOMÁSTICO

203, 204, 212, 224, 231, 259, 262
Bush, Laura, 153
Calderón Hinojosa, Felipe, 175, 225
Calles, Plutarco Elías, 98
Camarena Salazar, Enrique, 32
Cameron Townsend, W., 225
Camp, Roderic Ai, 156
Canales, Antonio, 97
Cantú Treviño, Manuel, 86
Cárdenas, Cuauhtémoc, 224
Cárdenas, Lázaro, 98, 225
Carlson, Marianne, 210, 211, 212
Caroline, 29, 37
Carter, Jimmy, 24, 70, 262
Carville, James, 62
Casagranda, Mark, 194
Casey, William, 33
Castañeda, Jorge G., 19, 24, 35, 36, 48, 64, 66, 67, 68, 71, 72, 74, 123, 261
Castro, Fidel, 56, 66, 67
Cavazos Garza, Israel, 82
Chávez, Hugo, 76, 260
Chavira, Ricardo, 47
Clinton, Bill, 52, 62, 177
Clouthier Carrillo, Tatiana, 87
Clouthier, Manuel J., 87

Cole Guerrero, Lizzie, 189
Conley, Edward, 58, 59
Contreras Castillo, Sergio, 118
Contreras, Claire, 46, 47
Contreras, Crispín, 25
Contreras, Francesca, 47
Contreras, Joe, 24
Contreras, Olga, 24, 26
Contreras, Pepe, 25, 26
Cortés, Hernán, 126
Cortina, Jerónimo, 142
Cosman, Madeleine, 239, 240
Creel Miranda, Santiago, 67, 224
Creevan, Nancy, 217
Cronkite, Walter, 39
D'Artigues, Katia, 56
Danilo Ruiz, Eduardo, 166, 167, 168
Davidow, Jeffrey, 68, 147, 173, 174, 175
De Alba Cruz, José, 196
De Ampudia, Pedro, 83
De Angoitia, Alfonso, 148
De Cervantes Saavedra, Miguel, 201
De la Cajiga, Carolina, 214, 215
De la Cruz, Manuel, 129, 130, 131
De la Garza, Rodolfo, 142

De la Granja, Juan, 115
De la Madrid Hurtado, Miguel, 16, 30, 31, 32, 33, 34, 35, 39, 40, 41, 42, 43, 44, 45, 46, 47, 48, 50, 51, 52, 68, 72, 100, 154, 156, 187
De Llano, Rodrigo, 171
De Tolosa, Juan, 126
De Valenzuela, Romana, 228
De Zavala, Lorenzo, 57, 58
Dehesa, Alejandra, 12, 13, 14, 22
Dehesa, Germán, 164
Del Río, Eduardo, 59
Derbez, Luis Ernesto, 28
Díaz Negrete, David Bruno, 237
Díaz Ordaz, Gustavo, 60
Díaz Redondo, Regino, 39
Díaz, Francisco Gil, 155, 158
Díaz, Porfirio, 17, 86, 96, 100, 111, 134, 228
Dick, Morris, 62
Dobbs, Lou, 139, 239, 240, 262
Doncella de Monterrey, la, 83
Doolin, Chris, 202, 203
Dorantes, Sergio, 13, 14
Dresser, Denise, 74
Ebrard, Marcelo, 260

Echeverría Álvarez, Luis, 99, 164, 187
Edgar Román, 245, 246
Elizondo Jasso, Sofía, 89, 90, 96
Enríquez Savignac, Antonio, 187
Ensler, Eve, 214
Falwell, Jerry, 224
Farela Gutiérrez, Arturo, 224, 225, 226, 231, 232
Farías, María Emilia, 63
Fastlicht, Sharon, 147
Fernández de Castro, Rafael, 152, 263
Fifth Dimension, 183
Fox Quesada, Vicente, 12, 19, 28, 48, 49, 50, 62, 64, 65, 65, 66, 67, 68, 69, 71, 72, 74, 75, 76, 79, 95, 123, 125, 131, 140, 149, 151, 155, 158, 175, 219, 242, 263
Frenk, Julio, 235
Frey, Butch, 231, 234
Friedman, Milton, 154
Frum, David, 65
Fuentes Berain, Rossana, 38, 97, 163, 164, 169, 263
Fuentes, Guillermo, 232, 233
García Medina, Amalia, 128, 129, 131, 138

Von Raab, William, 33
Waldo Emerson, Ralph, 77
Washington, George, 81
Weymouth, Lally, 49, 50, 51, 52
Whitman, Walt, 77
Wilson, Woodrow, 48
Wornat, Olga, 61, 62

Yepez, Heriberto, 18, 20
Zabludovsky, Jacobo, 39
Zambrano, Lorenzo, 93, 95, 150
Zedillo Ponce de León, Ernesto, 49, 50, 52, 56, 77, 155, 173, 174

ÍNDICE

Tan lejos de Dios, de Joseph Contreras
se terminó de imprimir en abril del 2006
en Litográfica Ingramex, S.A. de C.V.
Centeno 162-1, Col. Granjas Esmeralda
México, D.F.